天赋发现与天赋教育丛书

智慧父母不焦虑

王佳玫 著

青春期天赋教育法

电子工业出版社
Publishing House of Electronics Industry
北京·BEIJING

未经许可，不得以任何方式复制或抄袭本书之部分或全部内容。
版权所有，侵权必究。

图书在版编目（CIP）数据

智慧父母不焦虑：青春期天赋教育法 / 王佳玫著．—北京：电子工业出版社，2023.9
（天赋发现与天赋教育丛书）
ISBN 978-7-121-45938-2

Ⅰ．①智… Ⅱ．①王… Ⅲ．①青春期—家庭教育 Ⅳ．① G782

中国国家版本馆 CIP 数据核字（2023）第 125818 号

责任编辑：刘淑丽
印　　刷：北京盛通印刷股份有限公司
装　　订：北京盛通印刷股份有限公司
出版发行：电子工业出版社
　　　　　北京市海淀区万寿路173信箱　邮编100036
开　　本：720×1000　1/16　印张：13.5　字数：227千字
版　　次：2023年9月第1版
印　　次：2023年9月第1次印刷
定　　价：88.00元

凡所购买电子工业出版社图书有缺损问题，请向购买书店调换。若书店售缺，请与本社发行部联系，联系及邮购电话：(010) 88254888，88258888。
质量投诉请发邮件至zlts@phei.com.cn，盗版侵权举报请发邮件至dbqq@phei.com.cn。
本书咨询联系方式：(010) 88254199，sjb@phei.com.cn。

推荐序1

与孩子共同成长

这是一本关于青春期教育的书，关于青春期孩子天赋、学习、亲子、社交、规划的书。阅读书稿，一股青春的气息扑面而来，好像自己也回到了那个青春无邪、激情无限的时期。在这本书里，作者着眼于孩子的可持续发展，遵循教育发展规律、人才成长规律，总结自己多年的实践经验，通过大量真实的案例，以情景再现的方式，通俗易懂地阐述教子观念、途径、手段、方法技巧，对为人父母者克服内心焦虑、提高科学教子的能力和水平有重要的借鉴作用。

本书作者佳玫女士是我20多年前的学生。当时，我是班主任，佳玫是班长。佳玫学习好，"三观"正，兴趣、爱好广泛。她动员、组织、协调能力强，在同学中很有威信，是我工作的好帮手。2004年从中国人民大学毕业后，佳玫赓续家庭爱教基因，投身教育培训行业，创办"悠家天赋教育"，专注于研究并推广天赋教育理念和方法。迄今为止，佳玫已为上万名孩子进行了教育规划，通过公益讲座、教师培训等多种方式惠及数万个家庭。"悠家天赋教育"已成为中国教育培训行业具有影响力的领军品牌，佳玫也成为中国教育培训行业具有影响力的巾帼人物和创新人物。作为昔日的老师，我对佳玫的成长和成就感到由衷的欣慰和敬佩。

教育是惠及子孙后代的千秋功业，需要一代又一代有识之士去不断实践、探索。尤其是青春期的孩子，求知欲强却良莠难辨，渴望独立却能力有限，在学习、考试、亲子关系、师生关系等方面存在种种成长焦虑，并且表现出较大的个体差异。随着孩子一天天长大，面对孩子成长中遇到的困惑和烦恼，面对他们逃避、对抗，甚至极端的行为，父母由于缺乏专业知识和能力，往往不知所措。如何启发孩子的天赋，如何帮助孩子认识自我、发现发展自己的优势，如何帮助孩子建立起和谐美好的亲子关系、人际关系，如何指导学生做好学业和人生规划，如何引领孩子读书、写作、做人、做事……在本书里，佳玫的实践和探索无疑是成功的、有益的。

正如佳玫在书中所言，教育有其自身的一套方法，但教育方法一定是基于对"道"的坚持，对"术"的选择。的确，不管是父母还是教师，只要我们不忘育人、育才的初心，勇于实践，勇于探索，在批判中继承，在继承中创新，在创新中发展，就一定能创造出新时代青少年教育的好做法、新经验。

在青春期教育中，品德重于学问，习惯重于方法。在影响人终身发展的因素中，最重要的是品德、品格。父母要把孩子的人格健全、道德完善放在第一位。"讲仁爱、重民本、守诚信、崇正义、尚和合、求大同"，是对中华优秀传统文化的高度概括，应该成为家庭品德教育的重要内容。同时，父母一定要培养孩子良好的学习生活习惯。美国教育家赫尔说："习惯不形成，学习等于零。"孩子形成了热爱学习、善于倾听、勤于思考、勇于质疑、认真完成作业、仔细审题答题等习惯，学习效率自然会提高。

在我写这篇推荐序的时候，正值第28个世界读书日。我想说，读书是门槛最低的高贵运动，是净化灵魂、升华人格的重要途径。读书多的人，视野必然开阔，精神必然充实，志向必然高远，追求必然执着。一个人只有酷爱读书，才可能成为杰出的人才。父母要指导孩子从小爱读书、多读书、读好书。把读书的感想、收获写下来，哪怕只是把书中自己感兴趣的内容抄下来，如此才能把书读得深刻、透彻。同时，父母还可以指导孩子把读书和写作相结合。写作是现代人的基本能力，父母可以从教孩子写日记做起。因为写日记需要观察，需要思考，可以倾诉情感、调节情绪，可以开阔心胸、净化心灵，可以培养恒心、锻炼意志，也可以学习遣词造句、提高写作水平，是提高孩子综合素质的有效途径。

我还想说的是，家庭是人生的第一所学校，父母是孩子的第一任教师，也是最重要的教师，父母的言行是孩子最重要的教材，家庭生活是取之不尽的家庭教育源泉和训练场。在家庭生活中，衣食住行每一样都包含着价值判断、行为选择、习惯养成等教育因素。陶行知先生说："生活即教育"，"是好的生活，就是好的教育；是坏的生活，就是坏的教育；是认真的生活，就是认真的教育；是马虎的生活，就是马虎的教育；是合理的生活，就是合理的教育；是不合理的生活，就是不合理的教育；不是生活，就不是教育"。

热爱家庭，热爱生活，热爱孩子，热爱教育，与孩子共同成长，我愿与天下父母共勉！

杨晓云

西北大学附属中学联合总校　校长

推荐序2

父母对教育的学习无止境

收到佳玫老师新书初稿的时候,回想我与夫人以父母的身份与她结缘,原来不觉间已过六年。六年于浩渺宇宙不过沧海一粟,在人生百年中的占比也并不高,对孩子的成长而言却举足轻重。这六年,我家大宝从小学升入初中,适逢青春期,从学习成绩到价值观养成及亲子关系,遇到诸多挑战;二宝则从初入小学时的各种不适应到现在即将小学毕业,踩在了青春期的门槛上,因此说这六年是我们家最焦虑的六年,一点儿也不为过。

如今,大宝一路堪称"升级打怪",多科成绩跃居班级前列,越来越自信;二宝也在书法与音乐方面初露锋芒。目睹孩子每时每刻的点滴成长,感受孩子日积月累带来的蜕变,身为父母,我们甚感安慰和喜悦,这或许就是人生最大的幸福吧!

回头望,无比庆幸能结识佳玫老师。在她这里,我第一次震惊于原来父母并不一定是真正了解孩子的人,原来无数父母、老师常说的"因材施教"不是浮于表面那么简单,原来规划对教育的影响是如此深远——家庭教育,看似无门槛,实则不然。因为孩子的成长是不可逆的,如果因自己的哪怕一丁点儿过失影响了孩子的成长,父母都会长久地抱憾自责。

但过程何其难。人人都说,为人父母是一场修行,只有亲身经历过的人才能体会其中五味杂陈的复杂情感。我们这一代人，对于孩子的教育是充满纠结矛盾的：既希望孩子能练就十八般武艺，以便未来能有更多选择权；又不想给孩子施加太多压力，希望孩子身心健康，留下快乐的成长回忆。因此，好多父母都左右摇摆，导致没有一条明确的教育主线且坚持下去。这种"既要……又要……"看上去真是一个悖论，而我在佳玫老师这里找到了答案，这就是天赋教育。

首先，天赋教育尊重每个孩子与生俱来的不同特质。但这并不等于无底线的"放养"，而是着力于依据孩子的特质进行规划、引导和托举。如今，二宝、三宝家庭越来越多，父母们有机会感受到孩子之间的不同，很多家长在有二宝后开始重新学习教育方法，因为用当年教育大宝的方式去教育二宝完全不奏效。所以，重新了解孩子，乃至借助科学手段真正认识孩子已成为家庭教育的第一步。

其次，天赋教育强调教育规划。可以说，有目标、有步骤、有方法的教育才是真正的教育。天赋教育正是真正的教育，能让父母理性发挥自己的知识、经验和人生阅历。

最初给我家大宝做规划时，大宝正上小学五年级，成绩优异。那时佳玫老师善意地提醒我们初中与小学的要求与节奏不同，但我们嘴上认同心里并未重视。没想到大宝刚进初一，就先迎来一个下马威——生物第一次单元测试成绩刚过及格线。这让小学时所有学科成绩从来都是优秀的大宝立刻就慌了神；到了初二，面临8门课的学习压力，大宝虽然依旧努力，但已经疲态尽显，而我们作为父母急在心里，却不知该如何做才能帮到孩子。直到我们根据佳玫老师的规划，重新了解了孩子的天赋优势，换位思考孩子的苦恼，帮助孩子梳理每天的时间安排，分析每个学科的改善方式，情况才开始有了改善。同时，我们全家还在佳玫老师具体的指导下，快速、有效地调整了家庭沟通的氛围，孩子的状态越来越好。

经历了这一过程，我感叹于教育规划真是一项伟大的事业，能够帮助父母在建立起孩子整体学习宏观框架的同时又能如此细致入微，竟然会精细到每天做多少练习，如何有效利用时间碎片，父母具体怎么分工、怎么和孩子说话，最神奇的是这些看似微小的调整却能够在短短数月就见奇效。教育规划的专业性、前瞻性和科学性让我们信服。

教育规划除了能尽最大可能地发挥孩子的优势，还有一个重要作用，就是在总目标下再分阶段，让父母能跟上孩子的成长节奏。比如，很多妈妈都会自嘲"更年期撞上青春期"有多么心累，其实佳玫老师在本书中，从青春期的学习到亲子关系，再到社交、规划，分门别类地给出了大量真实的案例和对应的解决方案。对正在因孩子青春期而焦头烂额的父母来说，这些方法个个可落地，堪称及时雨。如果孩子年龄尚小，父母提早了解掌握了这些方法，便能更早筹谋，裨益更大。

教育无止境，于父母来说，学习也无止境。我的感受是，千万不要靠惯性、靠感觉，或者总想照搬某些个体所谓的成功经验。给孩子找到最适合他的那条路，以最适合他的方式来与他相处，父母才能达成看似贪心的"既要……又要……"，最重要的是孩子才能得以最大限度的绽放，顺利度过青春期自然也就只是一个话题，而不再停留于问题上。

祝愿每位读者都能从书中得到收获，祝愿每位读者的孩子都能因父母的一念之变而迎来与以往不同的成长。

安姚舜 中国人民大学艺术学院设计系　主任
李珂 北京电子科技职业学院艺术设计学院艺术教学部　主任

作者自序

开始动笔写本书之时，我的女儿刚刚升入初中；写完本书之时，她即将升入高中。因此，可以这么说，我非常有幸地用本书的写作过程，见证了她青春期的丰富的变化过程。

如果用一个词来形容这个过程，我更愿意用"美好"这个词。原因有三：

其一，感谢我的专业和工作，我恰好掌握了很多与孩子相处的技巧和方法。三年来我和女儿虽然偶有争吵，但并没有爆发过惊天动地的"战争"。相反，我和女儿之间构建起了更加稳固、和谐的关系。直到现在，每晚临睡前，我还会到女儿的床边亲亲她，和她说晚安；因为工作原因，晚睡晚起的我每天起床后都会在餐桌上看到女儿为我准备的早餐；晚餐后或周末，当我忙于工作时，女儿会贴心地为我端来热水，然后关上房门，安安静静地写作业。这让我深深地感觉到美好无处不在。

其二，女儿在初中时进入了一所新的学校，我也有幸借助她，接触到更多的中学生群体。他们真是一群充满活力、洋溢着可爱气息的孩子。他们假装自己长大了，但实际上稚气未脱；他们在努力地变成熟，但仍然需要依赖父母。当我担任女儿的司机，送她去跟同学看电影、逛街、聚餐时，我不再用母亲的身份，而是以一个中年人的视角去看待这群"含苞待放"的青春少年，我看到的是一种希望。教育工作者的身份，让我有机会以更广阔的视野去看待全国甚至全球的孩子，巨大的样本量和更加多维的评判标准让我深深相信,只要把握好青春期,每个孩子身上的闪光点都将照亮他前行的路。

其三,我结交了一群志同道合的好父母,他们大多拥有良好的教育背景,且不乏海外学习或工作的经历。他们在面对孩子的教育时,不唯分数论长短,更愿意帮助孩子找到自身的独特优势,成就自己的独特人生;他们相信教育规划的力量,甚至会在孩子一两岁时就开始发掘孩子的优势;他们在明确了孩子的天赋优势后,敢于集中资源去支持孩子单一特长的发展,而不是面面俱到,所有项目都试一遍;他们和孩子相处时像朋友、像闺蜜、像兄弟。这让我收获了很多新的启发。

教育是一项心怀梦想、温暖而有力量的事业,它需要内心充满对孩子的热爱,充满乐观主义精神。教育有其自身的一套方法,但教育方法一定是基于对"道"的坚持、对"术"的选择。所以,我特别希望本书,传递给父母的是力量、是希望!本书是我多年一线工作实践经验的汇总,并给出了具体的方法,能够化解父母内心的焦虑,用行之有效、立竿见影的方式,重新构建青春期的家庭亲子关系。

作为专业的教育工作者,我有机会见证一个孩子从青春期开始到结束的跨越式发展,因此更能够用成长的、长远的眼光去看待孩子在今天出现的小问题。大量的案例让我有底气且笃定地确认,哪些问题会随着时间的推移而解决,哪些困难会随着孩子的成长而改变,因而能帮助父母和孩子,将内心因为不确定而产生的假想、困难及悲观的判断一键清除,并找到一条清晰的发展之路。

这是我的价值所在,也是我的骄傲所在。我深知,改变一个孩子要从心开始。首先是让孩子形成对自我的认可,对自己的优势进行识别,对自己的劣势全然接纳。而青少年时期的特殊性在于孩子的自我认知有很大一部分来自父母的态度。所以,父母重新认识孩子,愿意发展孩子的优势,敢于发展孩子的优势,善于发展孩子的优势,将有可能改变孩子的人生。

著名作家柳青说过:"人生的道路虽然漫长,但要紧处常常只有几步,特别是当人年轻的时候。"一个人的成长发展，只有几个关键节点，而青春期无疑是其中之一。从表面上看，它关乎孩子未来能否考取名校，能否功成名就；从更深层次看，它关乎一个人对自我的认可和能否拥有奔赴未来的力量。如果在这个关键期能够有人帮他一把，陪他一段时间，那么接下来的漫长的几十年中，他可能会因这段时间带来的自信而勇敢前行。

正因如此，我特别珍惜孩子青春期的短暂时光，不想放弃任何一个机会去教父母识别孩子的优势，更不想错过任何一个机会去鼓励和安慰那些因家有青春期儿女而正遭受着煎熬的父母。我想大声告诉他们，不要焦虑，风暴期过后，就是豁然开朗！

王佳玫

2023年3月于北京

前言

家有青春期孩子，我们因何而焦虑

父母对孩子的感情，大约在孩子进入青春期后变得最为复杂。孕期的无限憧憬，牵起婴儿小手的满心欢喜，见证少年日渐成长的满足，这一切在孩子进入青春期后，往往会化为失望、委屈、担忧、恐慌、愤怒……五味杂陈，让人惴惴不安，乃至茫然无措。

因为，父母还是那个父母，孩子却已不是那个孩子。青春期的问题，实在太多了。

雯雯的爸爸最近就感慨，曾经乖巧可爱、总黏着爸爸妈妈的女儿，现在怎么像变了个人。所有的家庭活动雯雯都不再参加，假期不是和同学有约，就是宅在家里。每天回家以后，她总喜欢待在自己的房间里，戴着耳机，一天下来和父母说不了几句话。有一次，爸爸出差多日回到家，对妻女很是想念。怎料雯雯看到爸爸时，居然面无表情，连个招呼都不打。

但和老友比起来，雯雯爸爸的情况还算不错。因为在老友家里，维持和平已殊为不易，母子大战常常上演。妈妈是个急性子，性格好强，讲话风格是短、平、快。儿子性格外向，聪明机灵，小时候常常和妈妈探讨各种问题。那时候，家中欢声笑语不断。但不知道从哪天起，儿子从"一点就透"

变成了"一点就着",而且吵架时言语粗鲁、脾气暴躁。时间长了,妈妈无奈做出妥协,每次和儿子对话都小心翼翼,提前打腹稿,可儿子还是喜怒无常,家庭氛围常常突变,气得刚强的妈妈几度落泪,常常为付出关爱却不被理解而委屈不已。

很多父母都会这样自我宽慰:这些只是亲子关系上的困扰,算家庭内部问题,假以时日,随着孩子度过青春期,问题就会随之消解。但青春期的问题远远不限于此。青春期常常伴随孩子由小学进入初中、高中,很多孩子在学习上都会突然出现剧烈转折,如成绩大幅下滑或者严重偏科。根据广州市的一项调查,每年有60%的学生从小学升入初一后成绩大幅下降。这时,父母坐不住了,因为这直接影响孩子未来升学甚至更长远的人生。与此同时,青春期的孩子在交友方面也常常让父母感到紧张,总担心孩子交到坏朋友,受到负面影响。但如果孩子特立独行,没有朋友,父母又会担心孩子在学校里被孤立,或因情感上找不到出口导致抑郁。更何况,如果人际交往能力太差,将来又怎么在社会上立足?

让父母担忧的还有孩子三观的树立。如今有太多孩子都已经十几岁了,却对自己以外的世界完全无感,丝毫不关心。他们没有所谓的远大志向,也没有明确的目标,甚至连价值评判标准都不愿意多想。他们外表充满朝气,但内心一片荒芜。还有的孩子严重地陷入被手机操控的状态,将自己包裹在虚拟空间中,对真实的外在世界充满抵触。

由此可见,当孩子进入青春期后,父母总会被这样或那样的焦虑所包围。我曾对认识的家长做过一个小调查,总的来说,最让他们焦虑的有以下十大问题:

1. 科目多得让孩子发蒙,成绩掉得让父母发慌;
2. 孩子和父母三天一大吵,两天一小吵;
3. 孩子情绪阴晴不定,封闭、悲观、偏执;
4. 既怕孩子不会交朋友,又怕孩子交到坏朋友;

5. 孩子拨一下动一下，学习靠盯，作业靠陪；

6. 孩子偏科严重，总有一两科拖后腿；

7. 孩子学习很努力，就是不提分；

8. 孩子变成手机控、游戏控，沉溺于虚拟网络空间；

9. 孩子在学校被嘲讽、被冷落、被孤立；

10. 孩子觉得世界观、价值观、人生观都与自己无关。

这些问题看上去纷繁芜杂，成因各异，涉及青春期孩子的生理、心理、大脑发展、家庭及外在环境影响等，往往让父母感到无从着手。但实际上这些问题归纳起来，无非四大类：学习、亲子、社交、规划。究其根源，则要回归到孩子自身的特质上，正如图0-1青春期天赋教育五力模型所示。

图0-1　青春期天赋教育五力模型

第一，天赋力

我们坚信，每个孩子都有自己独特的优势，每个孩子都是自己的主人。因此，面对孩子的教育，父母务必回归到孩子自身的能力上。每个人都会自然而然地对自己擅长并感兴趣的事情投入全力，每个人自然也会有不喜欢和不擅长的领域。成年人如此，孩子更是如此。因此，当父母为青春期的孩子做教育规划时，第一步就是要找到孩子自身力量的源泉，用孩子自己的优势激发能力、建立自信、形成属于他自己的方法论，最终推动孩子自驱成长，这就是天赋力。

第二，学习力

这与青春期所处的阶段有关。青春期跨越小学、初中、高中这三个学习阶段，学习占据了孩子最多的时间，这就决定了父母无论如何都不能绕开学习而谈其他。每个阶段都有每个阶段的角色，对孩子来说，掌握学习方法比学习具体知识更为重要。因此，掌握学习方法将成为整个青春期最重要的规划目标和训练目标。

第三，亲子力

家庭是一个孩子最重要的力量源泉，来自父母的支持、信任，以及孩子对父母的尊重与理解，将会对一个孩子的成长形成最重要的支撑力量。而青春期的亲子力，关键在于沟通，父母要识别孩子的聆听模式和自己的表达模式，不要简单地从自己的惯性出发，而要顺应孩子的特点，采用正确的沟通策略，建立起顺畅的沟通机制，只有这样，对抗才会转化为合作，问题才能迎刃而解。

第四，社交力

从青春期开始，孩子将正式迈开走向社会的步伐，从面对简单的家庭关系转向面对复杂的同伴关系。这既让他喜悦，又给他带来了巨大挑战。如何准确地定义自己，如何处理不同社会关系之间的问题和矛盾，如何建立稳固而互惠互利的合作关系，都是难题。这时，社交能力就应成为父母关注、孩子重点训练的能力。父母与其担心，不如积极行动，从孩子的看护者变成孩子的同行者，尊重孩子的社交意愿，理解孩子的社交特点，不强求，更不能将自己的社交方式强加给孩子。

第五，规划力

学习任务重、情绪变化大、竞争激烈，这些都是青春期孩子和父母必将面对的问题。而青春期规划力的作用正体现于：明确孩子的优势，做好路径规划，确立长期目标，合理分配资源。规划需要技巧，需要父母学习新的知识并加以应用，以精准的计算作为依托，帮助孩子挣脱茫然状态，走上清晰明确的青春之路，同时也能帮助父母摆脱焦虑。

在本书中，基于青春期天赋教育五力模型，我将从脑科学发展与应用的视角出发，结合孩子先天的潜能优势及环境影响，将孩子身处青春期时，在学习、亲子、社交、规划等方面最具有代表性的40余个问题分门别类，进行详细的梳理和解答，并通过结合大量真实的案例及情景再现的方式，用通俗易懂的方式阐述脑科学的知识及心理学常识，为父母提供落地有效的方法。

目 录

一、天赋篇：智慧父母如何启天赋 / 001

  青春期，二次腾飞的起点 / 003

  青春期，规划之路的关键期 / 007

  青春期，寻找自我同一性的旅程 / 010

  青春期，不同阶段不同教育侧重点 / 013

  青春期，大脑发展是巨变之源 / 016

  青春期，如何启天赋 / 019

  附1：青春期母能力自查简表 / 023

二、学习篇：智慧父母如何促成绩 / 024

  初中学习节奏早知道 / 026

  一定要警惕的"初一现象" / 030

  语文如何托起初中"小四科" / 034

  数学学习的"两个坑" / 038

英语要不要提前学 / 042

物理和化学究竟在考查什么能力 / 046

历史和道德与法治怎么才能记得又快又牢 / 050

生物和地理究竟是文科还是理科 / 054

重度拖延症是"懒癌"吗 / 058

孩子偏科的解决方法 / 062

当孩子面对重大考试 / 066

先有身体第一，才能有学习第一 / 069

附2：学习潜能自查简表 / 072

三、亲子篇：智慧父母如何"慧"沟通 / 073

当孩子不再愿意和父母分享"秘密" / 075

当孩子开始喜欢和父母"辩论" / 079

青春期叛逆是对父母的"秋后算账" / 083

当孩子出现极端行为 / 087

原生家庭的影子 / 091

当重组家庭遭遇青春期 / 095

单亲的孩子也可以拥有双倍的爱 / 099

多子女家庭的因"子"制宜 / 103

青春期的男孩和女孩大不相同 / 107

附3：亲子沟通潜能自查简表 / 111

四、社交篇：智慧父母如何善引导 / 112

当孩子开始不断强调"我" / 114

青春期的"社交圈" / 118

青春期的"面子工程" / 122

青春期的孩子都是"外貌协会"的 / 126

"谈"恋爱还是真恋爱 / 129

当孩子患上"社交恐惧症" / 133

如果孩子"讨厌"老师 / 137

你的孩子是霸凌者还是被霸凌者 / 141

附4：社交潜能自查简表 / 145

五、规划篇：智慧父母如何懂规划 / 146

如何让孩子的目标成为自己的而不是父母的 / 148

有了榜样，就有了力量 / 152

打开眼界，才能看见未来 / 155

能做好自我管理，就能过好青春期 / 158

做好规划，让孩子的兴趣变特长 / 162

高中选科有智慧 / 166

一屋不扫，何以扫天下 / 170

当孩子开始沉迷和成瘾 / 174

当青春期的孩子要远航 / 178

青春期不只是"青春期" / 182

大一是青春期的终点，也是重点 / 186

附5：父母潜能自查简表 / 190

结尾 / 191

后记 / 194

参考文献 / 196

本书思维导图

智慧父母不焦虑——天赋教育法

一、天赋篇
- 二次腾飞的关键期
- 寻找自我同一性的旅程
- 3个关键期，3个关键词
  - 青春早期 —— 我是谁
  - 青春中期 —— 为什么我不能
  - 青春后期 —— 我怎么才能变得更好
- 青春期启天赋"四步法"
  - 判断青春期阶段
  - 确定阶段母能力
  - 确定单点突破口
  - 规划路径与方案

二、学习篇
- 初中学习节奏早知道
- 初一优势规划"三定法"
  - 定战略（卡位明确）
  - 定策略（优势出发）
  - 定方法（学科特点）
- 初中9科学习要点各不同
  - 语文能力"一拖四"
  - 数学两坑要避免
  - 英语优势巧规划
  - 理化文史有妙招
- 拖延症与时间表
- 孩子偏科/大考都别慌
- 运动"三力"促成绩
  - 形成专注力：考试成绩的保障
  - 形成自驱力：孩子的内在动力
  - 形成意志力：对抗挫折与打击

三、亲子篇
- 行为模式四大类型
  - 认知型：都是我说了算
  - 开放型：都是你说了算
  - 模仿型：你可以说了算
  - 逆思型：为什么你说了算
- 正负辩论选手的沟通之道
- 建立安全感，青春期可以不叛逆
  - 生理安全感
  - 心理安全感
  - 沟通安全感
- 情感脑匹配思维脑
- 狭义的原生家庭与广义的原生家庭
- 不同家庭遭遇青春期
  - 重组家庭的青春期
  - 单亲家庭的青春期
  - 多子女家庭的青春期
- 青春期，男孩女孩大不同

四、社交篇
- 青春期的"我"：自信与自我
- 青春期的社交圈
  - 亲子关系 从权威到朋友
  - 朋友关系 从伙伴到知己
  - 男女关系 从陌生到亲密
- 青春期"爱面子"四大成因
  - 听觉敏感型
  - 视觉敏感型
  - 自律能力强
  - 体知觉力强
- 青春期孩子都是"外貌协会"的
- "谈"恋爱还是真恋爱
- 当孩子患上社交恐惧症
- 当孩子说"我讨厌老师"
- 当孩子遭遇霸凌

五、规划篇
- 孩子定目标的两种决策者类型
  - 主动型决策者：有梦想有前途就要冲
  - 构思型决策者：算明白能成功就行动
- 有了榜样才有了力量
- 打开眼界看到未来
  - 看的层面：看到更好，看到不同
  - 听的层面：听到鼓励，听到多元
  - 体验的层面：体验舒适，体验努力
- 青春期的"自我管理"
- 做好规划，兴趣变特长
- 高中选科一二三
  - 先判断孩子真实的优势和劣势
  - 跳出个人局限给意见
  - 借助专业力量全面考察
- 一屋不扫何以扫天下
- 当孩子沉迷打游戏
- 青春期孩子远航风险
  - 感性因素影响
  - 伙伴的巨大影响
  - 家庭管教外力下降
  - 价值观不稳定
- 青春期不只是"青春期"
- 不能忽略的"大一现象"

一、天赋篇：
智慧父母如何启天赋

天赋教育主张的启天赋的步骤如下：

步骤一，根据孩子的年龄，判断孩子处于青春期的哪个阶段。

年龄决定了孩子的身体发展程度和大脑发育程度，不同年龄的孩子拥有的能力不同，而父母最容易犯的错误就是以自己的年龄和能力来估计孩子的发展水平，容易导致揠苗助长。

步骤二，根据阶段母能力确定规划重点。

青春期早期，孩子拥有的三项母能力是：精读能力、学习听讲专注力、书写精准能力。这时父母应将规划的重点放到孩子的学习习惯和学习能力的培养上；到了青春期中期，孩子的母能力则调整为时间管理能力、逻辑思维能力和记忆能力，这时父母应将规划的重点放到孩子的学习模式和记忆模式上；青春期后期，孩子最重要的母能力是主动树立目标的能力、制定及执行考试策略的能力和意志力，这时父母应将规划的重点放到孩子的学习目标和考试策略上。

步骤三，结合天赋数据，确定单点突破口。

目前天赋数据主要有六种来源，其中主观测评包括量表测评、行为追踪、专家访谈；客观测评包括基因测评、多元智能测评、脑电波测评。这六种测评方式各有优劣，建议父母尽量采取主、客观相结合的测评方式，并参考孩子的全面数据及阶段规划的重点，先选择一个优势点作为突破口，帮助孩子构建起内生自信，进而提升孩子的自尊心水平，激发其自我成长的驱动力。

步骤四，细致规划，明确路径和方案。

教育规划是一种解决方案，主要解决教育投资确定性的问题。这里的"投资"除经济上的投入之外，更重要的是时间、精力上的投资。因此，父母在教育规划中应该首先确定目标；其次梳理路径；再次确定里程碑，明确写出为达成里程碑需要匹配的资源；最后计算出训练的频次和时间。只有综合考虑各方面的因素，才能做到科学规划，助力孩子完美度过青春期。

一、天赋篇：智慧父母如何启天赋

青春期，二次腾飞的起点

小学阶段时，他令父母急得直挠头，甚至因无法适应学校正常生活，不得不休学回家调整状态；但进入初一后，他已经能够做到自主安排学习和训练，且在击剑领域崭露头角；高中三年，他连续担任校学生会主席，且拿下市运会击剑冠军；在如愿进入心仪的大学后，他带领学校击剑队焕发活力，取得喜人战绩。他对未来的发展之路也有了更长远深入的思考和更明确科学的规划。

这便是皓皓十九年来的成长史——堪称经典的绝地反击大片。它完整地呈现了一个孩子在进入青春期后，从"落后"到"先进"的巨变历程。这样的蜕变，看似天方夜谭，却又真实地发生了，让一个又一个了解到这个故事的父母为之钦佩、动容。

皓皓的第一次转折，发生在他四岁那一年。在此之前，他是一个"小天才"，无论是在语言表达方面还是在社交能力方面，都比同龄孩子表现得好。但随着妈妈的工作日渐繁忙，对皓皓的关注逐渐减少，皓皓在情感上开始陷入紧张状态，从四岁开始，皓皓会不定时出现抽动症的症状。尽管妈妈敏锐地发现了这个问题，并迅速着手进行调整，无奈可投入的时间有限，直到皓皓进入幼升小之际，他的抽动症都没有得到很好的改善，甚至还引发了多动症，被医生诊断为"中度注意力缺陷"。

皓皓上小学后，因为注意力难以集中，时间管理混乱，学习成绩起伏很大。因为肢体不协调，他始终学不会跳绳。更严重的是，他坐不住，在课堂上时常出溜到桌子底下，还喜欢接老师的话，频频挑战学校的纪律，成了各科老师点名的"固定对象"。

就这样熬到五年级，一心向往当班委的皓皓，终于当上了京剧课的课代表。京剧课不是常规课，但如果有人来校内参观，课代表就可以负责整队，这是让皓皓心怀憧憬的"职务"。开学没多久，就有人来学校参观了。这天早上，皓皓欢呼雀跃地去上学，放学时却是哭着回家的。原来班主任因为皓皓平时的表现而有所顾虑，并没有让皓皓负责整队。皓皓病倒了，连续发烧数天。

心痛的妈妈在权衡之下，选择让皓皓休学，以便在一个阶段内能按自己的规划和节奏来陪伴和教导皓皓。因为她明白，孩子的调整需要机会和时间，需要极大的耐心。而在学校里，老师是很难花费大量时间去了解这种特殊孩子的。但同时为避免皓皓脱离正常的教育轨道，每到期末，妈妈都会让皓皓回到学校参加考试，以验证平日学习的成效。

其实，早在皓皓七岁的时候，妈妈曾在一个偶然的机会下带皓皓做过天赋测评，结果显示皓皓的大脑前额叶区先天发达，但顶叶区左侧欠发达。这意味着皓皓的自省能力强，天性乐观，有目标感、不服输，但肌肉耐力差，很难坚持做完一件事情。自省能力强意味着不善于自我解压。测评人员特意向皓皓妈妈强调，在和孩子交流时一定不能使用激将法。

结合皓皓的特点，妈妈安排皓皓每天上午学习语文、数学、英语共两个小时，下午则全部用于运动。至于运动项目，因为皓皓喜欢帅气的击剑装备，所以让皓皓选择了花剑。当时11岁的皓皓身高只有1.4米，加上肢体不协调，因此国家体育总局青少年击剑中心来学校选拔学员时，皓皓没有被选上。这次妈妈带他去争取，依然没有一名全职教练肯带他，不得已只好选了一位兼职教练。但妈妈告诉皓皓，这位教练其实是个暗藏的"大侠"，级别特别高，只是因为时间安排不开才不得不兼职。皓皓对此深信不疑。

考虑到皓皓肌肉耐力差，容易放弃，需要快速获得成就感才能坚持，妈妈特意给他在大课之外报了每周一次的小课。另外，私下里，妈妈还和教练做了特别沟通，请教练在和皓皓交流时告诉他，他很有击剑天赋，而且教给他的招数都是绝招，只教给他一个人。教练被妈妈的良苦用心所打动，在训练教学的过程中，总是想方设法地鼓励皓皓。

在教练的鼓励和指导下，皓皓深深地迷恋上了花剑，白天为了和其他水平

一、天赋篇：智慧父母如何启天赋

更高的孩子比一场，不惜给对方当一下午的裁判，晚上回到家则会自己做复盘，画剑谱。在他的刻苦努力下，击剑水平快速提升。练了一年后，12岁的皓皓在一次分站赛中，犹如一匹黑马奔袭而出，拿到决赛第三名的好成绩，此后又乘胜追击，在年度总决赛上再度斩获第三名。

皓皓从此信心大增，对击剑、学习不自觉地投入了大量的时间和精力。更让妈妈高兴的是，通过长期的运动训练，他的抽动症的症状消失不见了，且每次期末回学校考试时各科都能拿到95分以上的好成绩。

接下来的小升初，考虑到皓皓日常训练需要花费大量的时间，无法承担过重的学习压力，妈妈没有盲目地让皓皓冲击重点学校，而是顺其自然地让皓皓上了一所老牌公立学校。这所学校学业压力相对较小，且校风很正。开学前，妈妈又特意找到班主任，坦诚地告知孩子的特点，并恳请班主任能给皓皓一个当班委的机会。班主任创造性地将皓皓安排为领奖委员。初一时，皓皓代表班级所领的第一个奖，就是他自己获得的全国初中生击剑比赛第二名的奖状。这让皓皓得到了极大的激励。他主动和妈妈说："我的学习成绩也得上去！"说到做到，从此以后，皓皓开始对学习格外上心，能自己做学习规划，基本不再需要妈妈的参与。

与此同时，随着皓皓的击剑能力日益提高，在启蒙教练的劝说下，皓皓经介绍前往一个专业击剑队进行训练。每周六早晨，全家6点出发，8点赶到场馆，12点训练结束后再一起返回。到了专业击剑队之后，皓皓再度沦为"小透明"。直到有一天大雨如注，在皓皓的坚持下，一家人仍然8点准时出现在训练场，教练被皓皓的这种坚持深深打动了。这之后，这位在业界相当资深的教练不但"一厢情愿"地将皓皓收为徒弟，免费带他上"小课"，而且将自己的资源导入，对皓皓尽心培养。

也是在此期间，教练提醒皓皓妈妈，皓皓的手腿不协调，手慢腿快，且对专业训练来说，体能仍需提升。对击剑不是很在行的妈妈索性根据自己的理解对皓皓手腿不协调问题加以拆解，针对皓皓的手部、腿部动作分别请了擅长手部能力的重剑教练和擅长腿部速度的佩剑教练分开指导，再另由一名花剑教练训练战术，一名体能教练训练体能。这从某种程度上说，相当于帮皓皓组建了一个教练团队。后来皓皓又遭遇到了新的瓶颈期，妈妈又为他找来了专业的心理教练，让他的压力有了疏导的出口。组合教练团的托举让皓皓实力大增,在初中三年级时获得了全国最高级别击剑比赛——冠军赛A组别的季军。随后的中考,他也成功考入自己心仪的高中。

此时,进入青春期中期的皓皓,大脑前额叶区先天发达的优势越发明显地呈现出来,格外自律,一边是高强度的训练,一边是紧张的学习,同时还承担着学生会主席的工作,他把学习和生活安排得妥妥当当。而且,在虎超龙骧的北京第十五届市运会比赛中,连续五场比赛最终都是一剑决胜负,极其考验心理素质,最终他赢得了冠军。也是从这时起,妈妈对皓皓彻底放心了,因为她知道这代表孩子的肌肉耐力已经大大增强。

如今,皓皓已经是一名大二的学生了。其实大学第一年他就以积极的个人状态拉升了学校整个击剑队的状态和成绩,学期末还获得了"全澳大学生最佳运动员"的荣誉,备受老师、同学的重视和欣赏。他再也不是当初那个不自信的孩子,而是对运动、学习和生活都投以饱满热情,站在阳光下的那个明亮少年。

天赋 Tips

回顾皓皓的成长历程,其实皓皓妈妈主要做对了两件事情:

第一,及早地给孩子做规划,根据孩子的特质先顺强补弱,再扬长避短,用特长带动孩子形成内生自信,进而激发孩子学习的自驱力。在为孩子自身成长规划的同时,也努力为孩子规划外部环境。

第二,找到了和孩子进行沟通的方式。妈妈是个急性子的人,早期亲子沟通中习惯脱口而出,但在了解孩子的特质后,她迅速做出调整,学会了先从外围展开对话,做好铺垫后再谈重点的沟通方式,事实证明,这很适合皓皓。

当然,在此也要特别提醒各位父母,不要轻易让孩子休学,因为大多数父母本身并不掌握相关的专业教育经验,一旦孩子休学,很难把握教育节奏,效果往往会适得其反。

一、天赋篇：智慧父母如何启天赋

青春期，规划之路的关键期

青春期不仅是孩子生理发展的关键期，也是他们大脑发展的关键期。在这个时期，有些曾经品学兼优的孩子开始从自信自立变得懒散、失去斗志，甚至沉迷网络游戏无法自拔；而有些孩子则把握住了这个关键期，由曾经的默默无闻甚至令父母老师焦头烂额，变得目标清晰、意志坚定，因而熠熠生辉。

我一再强调，青春期，是孩子二次腾飞的起点！

但这一切都建立在父母为孩子科学规划、一路护航的基础上。

回到皓皓的案例，我们可以做一个假设：如果父母因为孩子的表现而焦虑不安，且从语言、表情、行为上不断地给孩子施加压力，或者夫妻之间彼此抱怨、相互指责，那么我们大致可以判断，这不仅会让家庭氛围极度压抑，而且对孩子的成长更是绝无帮助；相反，如果父母可以坦然地面对孩子的表现，积极寻找孩子的独特优势，科学地规划孩子的学习成长之路，并根据实际情况不断调整优化，那么孩子就会在父母持续不断的正反馈和爱的鼓励下发生转变。皓皓妈妈就堪称表率，哪怕是在发现孩子患有抽动症和多动症，且被老师频繁叫去沟通的情况下，她也从来没有陷入焦躁状态，而是根据孩子的特质顺强补弱，做好长期规划。一旦确定好规划路径，就拥有极强的战略定力，一步一个脚印，坚定前行。这正是天赋教育法的核心。

每个孩子的大脑发展都千差万别，因此，每个"我"都是唯一的。无论孩子的外在表现如何，他都一定拥有自己与生俱来的独特天赋优势。天赋教育的过程就是发现和发展孩子天赋优势的过程，而不是主观臆断，强加某一种技能培训给他。

我在《如何做不焦虑的父母——天赋教育法》一书中，曾详细地介绍了大脑不同区域的功能。总而言之，大脑分为五个主要区域。其中，前额叶区影响人的精神功能，后额叶区掌管人的逻辑思维功能，枕叶区、颞叶区、顶叶区则分别影响人的视觉能力、听觉能力和体觉能力。每个人大脑不同区域的先天发展程度不同，因而就决定了他在相应能力的表现上不同，如图1-1所示。

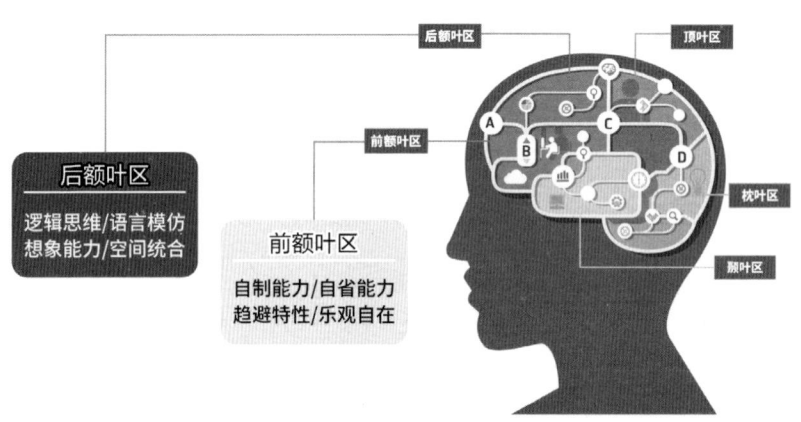

图1-1　大脑前、后额叶区主要功能示意图

细心的父母可能会观察到，有的孩子天生喜欢阅读，而且过目不忘，而有的孩子则擅长音乐，旋律听两遍就能哼唱出来；有的孩子非常勤快，而有的孩子却懒得动弹。其实这背后往往都是大脑不同区域发展差异造成的。枕叶区发达的孩子喜欢且善于用视觉捕捉信息，颞叶区发达的孩子则更偏爱用耳朵留存信息；顶叶区发达的孩子好动，崇尚实践出真知，相反，顶叶区欠发达的孩子则常常动嘴不动手，懒于行动。

当然，决定一个孩子发展效率的不仅是先天优势，后天的刻意训练同样发挥着重要作用。天赋决定了一个孩子起跑的效率和终点的高度。一旦起跑，在最终冲向终点的漫长路途中，靠的则是刻意训练的质和量。没有刻意训练做护航，空有天赋，最终也只是"方仲永"罢了。但不识别天赋，秉承"补差"思维，一味强调刻意训练，又何尝不是时间和效率的浪费，方向错了，跑得越快，距离成功就越遥远。

我这么说，并不代表对弱项要置之不理，因为每个孩子都不可能十全十美，在了解孩子天赋优势的基础上，顺强补弱才是更智慧的选择。所谓顺强补弱，就

一、天赋篇：智慧父母如何启天赋

是以优势作为牵引力，首先引导孩子在优势方面取得突破，建立自信，进而带动劣势发展，激发孩子的主动性。正如皓皓，他最初之所以喜欢击剑，是因为他的视觉能力强，觉得击剑装备很帅，而前额叶区先天发达带来的高度自律也保证了他能长期坚持训练，甚至在暴雨之际依然坚持不中断。这为他在入门阶段就能取得突出成绩、赢得教练认可打下了坚实的基础。

肌肉耐力差是皓皓的最大弱项。通常来说，肌肉耐力差的孩子在运动中持久力不足，容易受伤，且心理抗压性差，遇到大赛大考极易发挥失常，不容易长期坚持做一件事情。因此从初一开始，皓皓妈妈就专门为他请了体能训练的教练，尽管这对启蒙阶段的击剑运动员来说并非标配。这种针对性极强的资源配置大大提升了皓皓的肌肉耐力，最终，皓皓不仅中考超常发挥，且在高中阶段的大赛中抗住了激烈对战的压力，运动生涯节节走高。而且，他也是同批孩子中唯一一个多年训练却从未受过伤的幸运儿。

在大二时，皓皓又做了一次脑电波测试，结果显示他的多项能力都有大幅提升。在单独听取了规划师的测评解读后，皓皓前所未有地给妈妈打了一个长达40分钟的电话，日渐成熟的他对妈妈表达了感谢，感谢妈妈那么早就为他做好了规划，更感谢妈妈在做好规划之后并没有告诉他，避免了青春期可能发生的对抗。

天赋 Tips

在为孩子做教育规划时，父母要格外注意，孩子的成长是动态变化的，不能因为孩子单一阶段的表现就为孩子贴上标签，而要学会以发展的眼光看待孩子的未来。

青春期是孩子大脑发展、生理机能发生巨变的转折期，也是父母转变观念、调整方法的关键期。特别是在青春期后期，孩子的教育培养需由顺强补弱的均衡发展策略转向扬长避短的优势发展策略；父母的陪伴策略要从呵护指导转向引领和助推；亲子关系要从"大人+孩子"模式转向大人与"准大人"的伙伴模式。

青春期，寻找自我同一性的旅程

抓住关键期，效率将翻倍。每一个在青春期腾飞的孩子，都不外乎率先实现了在优势上的单点突破，并在稳定和正向的环境激发下，迸发出青春期独有的力量。但大多数父母一提到青春期，第一反应是叛逆、顶嘴、成绩下滑等负面信息，实际上，这并不是青春期的全貌。接下来，就让我们一起重新认识一下这个让人烦恼让人忧愁的关键期。

如果要问人生中哪一个阶段是最充满生命力的，答案一定是青春期。

青春期的孩子张力尽显，洋溢着向上的动力与活跃的表现力，其百变的生命状态为成年人可望而不可即。在这一时期，他们因身体的拔节呈现出活力四射的美好，同时伴随心理的日渐成熟，开始小露智慧锋芒。

当然，成长的快乐总与痛苦相伴。有学者将青春期视为人的第二次出生，即精神体出生的"阵痛期"。18世纪法国启蒙思想家、哲学家、教育家及文学家让-雅克·卢梭（Jean-Jacques Rousseau）在其教育名著《爱弥儿》中，对青春期更是做出如下描述："就像远处的一场风暴到来之前大海会发出轰轰隆隆的咆哮一样，高涨的欲念和强烈的感情也发出这样的低鸣，宣告着这场骚动即将来临。持续翻滚的暗流在警示我们，危险即将到来。"

对青春期的时间节点划分，众说纷纭。通常来说，青春期是指孩子从少年到成年之间的成长阶段，我更愿意称其为"桥梁期"。因为男孩和女孩的生长发育周期略有不同，所以男孩的青春期通常是从12岁左右开始，女孩则会提前1~2年。从生理的角度来看，这一过程可以一直持续到孩子20岁。在青春期，孩子的心理也会出现重大转变，对这一点，美国著名发展心理学家爱利克·埃里克森（Erik H. Erikson）提出过一个被广泛认同的概念，即"自我同一性"，意为对自己是谁,要朝哪个方向发展的一致性认识,如图1-2所示。

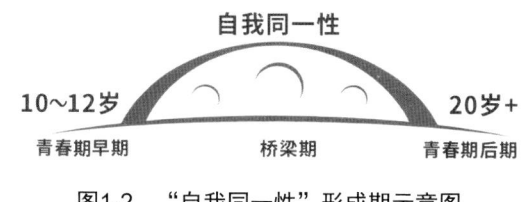

图1-2 "自我同一性"形成期示意图

孩子进入青春期之后,会对自己的过去、现在、未来进行整合,从而将自己众多的人格统一起来,形成一个比较稳定的人格,并对未来的自我发展作出思考。也就是说,建立自我同一性就是一个寻找自我认同感的过程。而在这一过程中,因多重人生角色悉数登场、彼此交叉,孩子很容易陷入角色混乱之中,因而情绪多变,敏感又冲动。一方面,他们仍然想像个孩童似的被家人呵护、重视;另一方面,又想像个成年人一样独立、自主,展现力量与主权。他们在与朋友交往的过程中希望展现自我魅力,独处时又容易暗自神伤。这种矛盾的探索过程会贯穿孩子的整个青春期。在这一时期,孩子的自我同一性总体上在逐步发展,但因为心智不够坚定,他们在这个阶段极易受到外界的影响,所以需要不断"实验",这使得他们看上去一会儿成熟,一会儿幼稚,循环往复。

可见,寻找"自我同一性"的过程何其难也,但这又是不得不跨越的必经阶段。孩子只有在青春期完成了自我同一性的寻找过程,才有机会实现人生的蜕变和升华。比如皓皓,正是从11岁这个青春期的起始点开始,在妈妈的引导、教练的悉心指导和陪伴、持续胜利的激发下,从曾经的混乱、迷茫与自我否定中,慢慢找到了自己的目标,看到了自己的优势,见证了自己的成长,拥有了自己的成就。换言之,皓皓用10年时间修复了幼年受到的伤害,成功达成了自我认同,形成了自我稳定的一致性人格,并开始对未来进行思考和设计。

天赋 Tips

青春期的孩子，学业压力陡增，自我意识成长，能力又尚未得到充分的发展，个人的生活充满着迷茫和冲突，处在既想脱离家庭又无法完全自立的阶段，无法精准地进行自我定位。

青春期孩子的父母也任务艰巨：一方面，为应对孩子的变化，需要持续学习新的知识；另一方面，父母自身也需要对角色和心态进行调整，这一切必然会带来诸多不适，引发内心的委屈、厌烦等复杂情感，但这一过程既无法避免，又意义重大。走过这段旅程，方能柳暗花明。

青春期，不同阶段不同教育侧重点

总体来看，青春期要跨越近十年的时间，这段历程又可以细分为多个阶段。在不同的阶段，孩子呈现出的特征和对孩子的教育侧重点各有不同，需要父母细致地加以区别对待。

青春期各阶段的关键特征如图1-3所示。

图1-3　青春期各阶段关键特征示意图

青春期早期会延续3~4年的时间，这是孩子探寻"我是谁"的阶段。这一时期，孩子在生理上最重要的变化就是出现第二性征，在心理上的突出特点就是特别渴望他人的关注和肯定。此时，他们中的大多数人虽然在言语上开始反抗和挑衅父母，但在内心仍然重视父母的意见，且在行为上对父母有较强的依赖性。这时候如果出现亲子矛盾，只要父母能够及时调整亲子沟通方式和相处模式，孩子会相对乐于配合，问题也通常能够快速得到解决。

青春期中期时间最短，只有2~3年的时间，但表现最为激烈。这是孩子探寻"为什么我不能"的阶段。生理上，孩子的性发育趋于稳定，肢体发育尤其迅速,最显著的外在特征之一是个子变高;精神上,他们将自由作为追寻的焦点,开始非常明确地远离父母、靠近同伴,在内心将朋友的地位提升至前所未有的高度。也因此,青春期中期是亲子矛盾爆发最集中的时期,且一旦爆发亲子战争,往往"战况惨烈"。此时的父母必须学会如何示弱,学会得体地退出孩子的部分社交和生活,以成年人的角度平等对待日益长大的孩子。父母心中要有预判,此时的孩子哪怕对于父母的善意也并不容易接纳,唯有保持平常心,方能度过这个最艰难的时期。

因为个体差异较大,青春期的结束时间并无统一的界限。通常来说,青春期后期会延续3~5年。这是孩子探寻"我怎么才能变得更好"的阶段。生理上,孩子几乎成长为一个成年人,心理上也慢慢趋于稳定,开始追求卓尔不群。在校的学生会将全部的注意力聚焦在升学上,已经走入社会的孩子则开始进行职业探索。作为整个青春期的收尾阶段,在青春期后期,不同家庭的亲子关系会出现不同的走向:在青春期前期和中期处理得比较妥当的家庭,会慢慢恢复平静,当孩子面对人生重大选择时,会重新开始倚重父母的指导,愿意和父母展开积极的探讨并倾听父母的建议;但此前矛盾重重的家庭,则将迎来亲子关系的新一轮下行期。那些曾经被深深伤害过的孩子,通常会选择远离父母,独自去探索接下来的人生,有的孩子甚至终其一生都无法与父母和解,这让他们的青春期"战线"无限拉长。

在此想特别说明的是,对处于青春期的孩子来说,老师的影响力有可能超越父母。优秀的老师能做到亦师亦友,不仅能在学习方面答疑解惑,还能凭借人格魅力与品德魅力成为学生心中可信赖的朋友。更高的境界则是,老师顺应青春期孩子的心理特征,从精神上成为孩子的引领者。

本人正是这种理想境界的受益者。我从小就性格活跃,而且非常要强,进入初中后更是雄心勃勃,希望在学业和班级工作上全面开花。但在有些老师眼中,这样的性格过于锋芒毕露。非常幸运的是,我的班主任知我、懂我,她明白我的行动出发点是对集体的热爱。所以,她从不打压我的热情,对我提出的想法不仅全力支持,而且还积极出谋划策。她成为我精神上的坚实后盾。与此同时,她也清楚地了解我能力上的短板,会在我的执行过程中默默支持,在我低沉时为我加油鼓劲，在我骄傲时给予巧妙引导。成年后回想，正是她的智慧，让我最大限度地释放了自己的天赋，成就了一个自信、勇敢、不断创新、持续挑战的我。

当我们广泛阅读名人传记时不难发现，诸多成功人士的成长经历中都有恩师的陪伴和助力。日本著名花样滑冰运动员羽生结弦在其自传《苍炎》中，就多次提到老师对自己的重大影响。青春期时，羽生结弦恰逢从青少年组跨向成人组的关键时期，他的内心既有对未来的憧憬，又有面临新挑战的不安，这时他选择一直和老师在一起，信任老师的选择、听从老师的建议、因老师的鼓励而重振信心，并最终夺取世界青少年花样滑冰锦标赛冠军。他说，哪怕在练习时老师不怎么说话，但只要有老师陪着就足够让自己安心。这足以令人深信，老师为他的付出一定不只是技巧上的训练，更是来自心灵深处的支持，而这种力量，支撑着他迎接一次又一次挑战、攀上一个又一个高峰。

愿每一个孩子都能遇到如此的良师益友。

天赋 Tips

青春期的起始和结束，并不会像科学实验那般精准，不同的个体、不同的家庭、不同的成长经历，以及不同的时代背景都会影响青春期的呈现。尤其是在现代社会，随着信息爆炸式地增长和传播，孩子使用电子设备的时长远远超过父辈，因此孩子的青春期普遍明显提前，不少小学生在三四年级就已经呈现出青春期早期的特点。而与之相反的是，有的孩子过于沉溺于网络世界，直到20多岁也未能形成成熟的个体能力和社交能力，似乎依然停留在青春期。

正因为如此，父母需要更加敏锐地捕捉孩子呈现出的细微变化，抓住关键期，根据孩子的特点进行个性化的引导。

青春期，大脑发展是巨变之源

青春期的孩子，最显著的变化就是身形及外在的变化，所以父母关注的焦点也常常聚焦于此。其实与之同步，大脑在这一时期也在飞速成长，而且，大脑的发展才是青春期的孩子行为改变的决定性因素。尤其是大脑前、后额叶区的快速发展会给孩子带来诸多方面的巨变。

大脑的五个脑区分别掌管着人的不同的学习能力。对青春期的孩子来说，枕叶区、颞叶区和顶叶区已经经过十余年的充分刺激，而现在是前、后额叶区登场的时候了。

总体来说，前额叶区影响着一个人的精神功能，具体表现为对目标的渴望、对成功的向往、对自我的约束，以及对多元人际关系的全新探索；后额叶区则掌管着一个人的逻辑思维功能，就像计算机的CPU，后额叶区充当着人的信息处理中枢、程序编码中枢和创新创造中枢。

这也意味着，青春期让人烦恼的变数，为孩子的成长提供了多元的可能性。此前因为学习能力不足，总是调皮捣蛋而被评价为"差生"的一批孩子，会从青春期开始迎来逆转的机遇。

这是因为，前额叶区是大脑各区域中发育周期最长、成熟最晚的区域。所以在青春期之前，前额叶区尚未得到充分发展时，所有孩子的注意力都会被好看的、好玩的、好听的所吸引，相互之间的差异并不明显。但进入青春期后，那些前额叶区先天发达的孩子会呈现出显著的优势，表现出极强的使命感、责任感、目标感。其中一些孩子在小学阶段还平平无奇，到了中学却一跃成为同学中的领头人物。而另一些高度自律的孩子则受益于自身强大的自控能力，面对外界诱惑时，能够积极调整主观心态，聚焦核心目标，所以学业越繁重、备考压力越大，

一、天赋篇：智慧父母如何启天赋

他们的优势就越突出。同时，前额叶区先天发达的孩子由于善于自省，他们的青春期通常相对平稳，不会给父母制造太多麻烦。

后额叶区发达的孩子，在这一时期的重大突破往往体现在学业和语言表达上。在学业上，这类孩子只要方法得当、训练充分，就有机会在数学、物理、化学学习中实现超越。这类孩子如果前期有大量阅读的积累，到了这个阶段，他们的写作能力也将有突飞猛进式的发展。在其他方面的学习上，他们也会闪现出智慧之光。

每年高考备考过程中，都会在最后一年出现逆袭的"黑马"。不明就里的父母往往会欣慰于孩子终于懂事，知道努力了。但其实努力只是基础，真正帮助孩子实现飞跃的，是后额叶区的迅猛发展。同样的变化也会体现在语言表达方面。有的孩子在小学阶段是沉默寡言的"小透明"，到了中学阶段则会因为后额叶区的发展成为演讲达人、辩论高手，尤其是对自己熟悉的领域更能够侃侃而谈，言之有物，甚至让父母和老师刮目相看。其中不乏水平突出者，在语言表达方面更是逻辑清晰、引经据典，展现出青春的锐气与豪情。

我们注意观察就会发现，那些在大赛中涌现出的佼佼者——无论是学科类的国际奥林匹克竞赛，还是诸如新概念作文、希望杯英语比赛之类的文学语言类大赛，以及全球顶级的体育赛事——多数都集中在青春期这个年龄段。

青春期还是一个关乎取舍的重要阶段，这同样也与大脑发展阶段有关。大脑的体积在青春期会达到顶峰，随后慢慢变小，最终趋于稳定。这就决定了在青春期，大脑会自发启动一个运行机制，将那些未被充分激发和链接的神经元进行剪除，而将能量集中于已经得到充分发展的神经元链接。从学业发展的阶段来看，到了青春期后期，孩子将面对重大的选拔性考试、竞赛及关键的面试等，且学业的难度也决定了他们无法全面发展。

因此，在青春期后期，父母对孩子的培养策略需要从此前的顺强补弱、均衡发展，转变为扬长避短、优势发展。学科如此，兴趣特长也是如此。

在学科方面，可以说，孩子恰恰是在情绪最不稳定的阶段迎来了最严峻的学业压力。因为大多数孩子是在进入初中后才正式迎来青春期，而此时正是从小学到高中的学习历程中，最多学科并行的阶段。虽然这时的学科难度并不深，但整

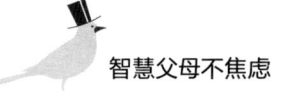

个初中阶段多达九个科目同时进行,而且其中六个都是"新的",其挑战不言而喻。而在学科之外,很多孩子从小学习的兴趣课程,此时也到了需要"结果"的时候,孩子被迫面临两难选择,如果坚持下去,就要花费更多的时间进行练习;而如果放弃,则意味着之前投入的时间和精力会白白浪费掉。

天赋 Tips

《道德经》有言:"少则得,多则惑。"西方也有类似的表述:Less is more。这充分说明,如果父母希望孩子在某一个方面形成优势,必须聚焦时间、精力、资源和热情,千万不要追求面面俱到。

这需要父母具有极强的战略前瞻性,且具备坚定的战略定力,在了解孩子优势的基础上,在明确长期的发展目标后,切记不要人云亦云,而要从孩子的天赋潜质出发,聚焦核心优势,否则孩子很容易陷入样样通、样样松的状态,而且白白浪费了自身的天赋优势。

一、天赋篇：智慧父母如何启天赋

青春期，如何启天赋

鉴于孩子进入青春期后大脑发展及心理发展的变化，青春期可谓是引导孩子启天赋的最佳时期。具体来说，可遵循以下四个步骤：

第一步，根据孩子的年龄和状态，判断孩子处于青春期的哪个阶段。

年龄决定了孩子的身体发展程度和大脑发展程度，这种生理上的阶段特性是不能跨越的，而且构成了孩子一切行为的根本出发点。这也是做天赋规划的基础。

第二步，根据阶段母能力确定规划重点。

人生有四个起点，即0岁、6岁、12岁、18岁。它们分别代表着生命的起点、学校教育的起点、个性的起点、职业的起点。青春期横跨后三个阶段，因此，孩子在青春期会先后呈现出三个阶段的显著特点，而每个阶段的规划重点都基于母能力又有所侧重。

在青春期早期，孩子通常还处于小学高年级，这时大脑发展的重点是枕叶区、颞叶区和顶叶区。同时，学校教育处于从打基础到上难度的关键期。孩子在这个阶段拥有三项母能力，即与枕叶区对应的精读能力、与颞叶区对应的学习听讲专注力、与顶叶区对应的书写精准能力。此时父母应将规划的重点放到孩子的学习习惯和学习方法的培养上。

到了青春期中期，孩子普遍进入初中阶段，这时，大脑发展的重点转移到了后额叶区，学校学习的科目则在此期间数量剧增。孩子在这个阶段的母能力相应调整为与后额叶区对应的时间管理能力和逻辑思维能力。同时，颞叶区和枕叶区对应的记忆能力仍然是这个阶段最重要的能力。此时父母应将规划的重点放到孩

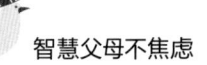

子的学习模式和记忆模式上。

很多孩子到了初中一、二年级，考试时总有一两科成绩不好，而且每次考试都摁下葫芦起来瓢，不知道到底是哪科跛脚。这往往就是因为孩子的时间管理能力太差，复习时面对多门课程无法兼顾，最后只好弃卒保车，扔掉近期学得不好的科目，去保相对稳定的科目。

逻辑思维能力的培养在这个阶段也很关键，这是确保考试不丢分的核心能力。因为孩子在面对一道考题时，会将自己记住的知识点一股脑儿地写下来，但缺乏逻辑分析与条理化的描述。实际上，看似相同的题干，对应的是不同的答案。如果孩子欠缺逻辑思维能力，就会出现知道知识点却丢了分数的问题。

同理，在这一阶段，记忆能力依旧非常重要。初中时课程数量从小学的三门变成九门，尤其是历史、地理、道德与法治、生物四科都需要大量背诵，如果孩子不掌握科学记忆的方法，仍然套用小学期间硬背、生背的方法，便相当于牵着老黄牛耕地，效率极低，且会疲惫不堪。

到了青春期后期，大脑的重点发展区域开始聚焦在前、后额叶区，其中后额叶区发展的程度更加充分，发挥的作用也更加强大。此时孩子最重要的母能力是前额叶区掌管的主动树立目标的能力和后额叶区掌管的制定及执行考试策略的能力。同时，意志力贯穿青春期的整个过程，但在这一阶段的重要性尤为突出。父母应将规划的重点放到孩子的学习目标和考试策略上。

首先，父母要引导孩子树立目标、制定目标，通过对目标的追求让孩子产生自驱力。其次，中考之前所有的考试都叫达标性考试，但从中考之后，孩子则开始面临选拔性考试，难题的比例将大幅增加，科学制定考试策略就成为孩子在这个阶段必不可少的能力。当然，面对强大的压力，以及长时间、高强度的备考训练，意志力也必不可少，一旦意志力不够强，孩子就容易半途而废。

第三步，结合天赋数据，确定单点突破口。

目前天赋数据主要有六种来源。其中，三种是主观测评（量表测评、行为追踪、专家访谈），三种是客观测评（基因测评、多元智能测评、脑电波测评），各有优、缺点。

主观测评的第一种量表测评，也就是回答问题的测评方式。其优点是简单易操作，认知度高，容易被接受。但由于回答问题全凭主观判断，所以信效度相对较低。第二种是行为追踪，比较常见的是在感觉统合训练或体适能训练中，通过对孩子行为的观察得出测评数据。这种方式适合进行长期监测，如果只是偶然测评，那么测试结果会与被测者当时的状态紧密相关，而且年龄越小稳定性越差。一些成年人还会在测评中不自觉地伪装自己，导致测评结果不够真实客观。第三种是专家访谈。专家通过一系列精心设计的问题以及有技巧的沟通，在与被测者的互动问答中获取有效信息，并给出测评意见。这种方式常见于心理咨询领域或精神疾病诊断领域，对专家的要求非常高。

客观测评中的第一种是基因测评，即通过唾液、头发等了解一个人的遗传信息。这种测评内容涵盖非常全面，目前主要应用于医疗方面，对教育的参考价值相对较小，但可以让规划的颗粒度更精细；第二种是多元智能测评，可以了解孩子先天神经元分布的密度，进而了解孩子的先天优势。通常情况下，多元数据要结合第三种客观测评，也就是脑电波测评的数据进行比对，这样才能全面展现神经元因外界环境或教育环境被激发后的链接情况。

父母结合孩子立体的数据以及阶段规划的重点，最终一定要先选择一个优势点作为突破口，集中时间、资源、精力，用1~2年的时间实现单点突破，帮助孩子建立内生自信，进而才能提升孩子的自我成长能力，让孩子获得自我成长的驱动力。

第四步，细致规划，明确路径与方案。

教育规划是一种解决方案，主要解决教育投资确定性的问题。这里的"投资"除了经济上的投入，更重要的是时间、精力上的投资。作为父母，我们经常碰到的难题是不知道孩子喜不喜欢，不知道需要学多久，不知道能学成什么样子，也不知道需要投入多少。当孩子碰到困难想放弃时，我们不知道该如何取舍。而这一切都需要科学的评估和严谨的计算才能得出相对清晰的答案。

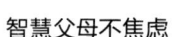

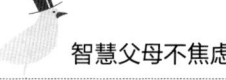

天赋 Tips

总体来说，教育规划的制订过程要遵循科学的规律和顺序。要特别提醒父母的是，在通过测评获得孩子先天优势数据的时候，务必遵循两个原则：第一，尽量主、客观相结合，最好不要单凭某一种测评数据就给孩子下定论；第二，不能一测定终生。因为孩子的成长是由非常多的因素共同造就的，有极强的可塑性和发展性，如果用测评数据给孩子贴上标签，再加上父母的主观判断偏差，就可能对孩子的成长造成不可逆的影响，甚至阻碍孩子的天赋发展。

附1：青春期母能力自查简表

结合孩子的行为、表现特征，可判断其所具备的母能力优势。

精读能力 （视觉辨识能力）	识字快；写字漂亮；卷面整洁
学习听讲专注力 （听觉记忆能力）	早期语言表达能力强；酷爱听故事；英语听力单项能力强
书写精准能力 （肢体操控能力）	喜欢通过写写画画的方式记忆文字内容；做计算题时不会故意偷懒跳步骤；回答文科类问题时愿意写得更全面
时间管理能力 （空间统合能力）	喜欢并擅长列时间表；对时间的估算相对准确；对最后期限非常敏感
逻辑思维能力 （数理逻辑思维能力）	做事情擅长抓重点；偏好数理工科的学习；语言表达能力非常强
记忆能力 （关联记忆能力）	对很久之前发生的事情也能清晰地回忆出细节；举一反三能力强；争吵时容易翻旧账
主动树立目标的能力 （趋避能力）	争强好胜不服输；目标坚定，不达目的不罢休；容易急于求成
制定及执行考试策略的能力 （数理逻辑和想象能力）	善于做难题；善于复盘，不断改进；善于自己总结学习方法论
意志力 （肌肉耐力）	有一个明确并长期坚持的体育项目；身体比较强壮，很少生病；遇强则强，越是大赛大考越容易取得好成绩

二、学习篇：
智慧父母如何促成绩

天赋教育主张的学习规划步骤如下：

步骤一：识别孩子所处的学习阶段。

不同年级的课程设计及教学重难点有严谨的学科逻辑和难度梯度，这为孩子的学业规划提供了一个清晰的坐标，要紧扣这一点。

步骤二：识别孩子自身的天赋特点。

孩子的大脑发展各不相同，势必会带来孩子在不同学科上的差异化表现。有的孩子先天逻辑思维能力强，有的则善于驾驭语言，还有的长于阅读写作。顺强补弱，以优势带动劣势永远是最优选择。

步骤三：以长远眼光做中长期规划。

任何一个孩子都不可能是十全十美的，有优势就一定会有隐藏的劣势。有的问题会随着孩子年级的增高逐渐浮现。所以父母在面对孩子学习问题时，至少要向前看三年，比如在孩子初一时，就要考虑到初二、初三可能出现成绩波动；高一选科则要看到未来高考报志愿的相关要求。

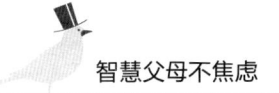

初中学习节奏早知道

前段时间，我接到一个老同学委派的严峻任务。当时距离中考只剩一个学期，他的儿子小煜的成绩却遭遇初中三年来最严重的一次"滑铁卢"。小煜一向成绩优异，初一时成绩能稳居年级前五十名左右。但升入初二后，他在学习方面感到越来越吃力，成绩也逐渐下滑，到这次初三第二学期入学开门测时，名次竟然降到年级中等。这下小煜的爸爸妈妈彻底坐不住了，小煜自己也备受打击，开始变得烦躁不安。

刚刚得知这个消息时，我的第一反应是不可置信。因为我对小煜很熟悉，这是一个阳光男孩，不但学习好，而且长期坚持体育锻炼，心理素质稳定。这次成绩出现这么大幅度的下滑，莫非是他偷偷背着父母沉溺于游戏，或者早恋所致？

带着不解，我和小煜做了一次深入沟通。这才发现，以上猜想都不成立。对小煜来说，问题出现在学习习惯和学习方法上。

有人说，初一不分上下，初二两极分化，初三天上地下。冰冻三尺非一日之寒，对父母来说，提前了解初中的学习节奏，及早帮助孩子养成科学的学习习惯和学习方法格外重要。

1. 初中学习的关键在于形成自己的方法论

在父母眼中，初中和小学密切衔接，但实际上，这是两个完全不同的阶段。小学考查的重点是孩子对基础知识的掌握和应用。到了初中，科目众多，不同的科目对孩子的核心能力考察不同，有的考查背诵能力，有的考查阅读理解能力，有的则考查反应的灵活性，还有的考查书写速度。同时，老师的授课方式也与小学有所不同。这都要求孩子具有一定的自主学习能力,而这一点与大脑的后额叶区的发展紧密相关。

后额叶区作为主管一个人思维功能的核心模块,决定了一个人是否爱动脑筋。后额叶区欠发达的孩子俗称"思想懒",他们不愿意去动脑筋解决难度大的问题,也不擅长总结规律,因而无法通过建立思维框架,形成自己的方法论。所以,很多孩子虽然在进入初一时成绩还可以,但从初二起就会出现偏科的迹象,初三则有可能出现雪崩式的下滑。当弱势学科从一门变两门,两门变三门,彼此间还相互拖累时,总体成绩就免不了大幅下降。

回到小煜的具体情况,其实在小煜小时候,爸爸就已经发现他懒于动脑,但因为他并不抗拒学习,所以爸爸认为孩子的学习态度没有问题,懒于动脑也并无大碍。于是,能干的爸爸选择亲自上阵,进行一对一辅导,同时还给小煜报了学科类兴趣班,其总体策略可归结为提前学。可是,提前学只是单纯的知识吸收过程,并不能引发孩子的自主思考,对孩子形成自己的学习方法并无太大的帮助。长此以往,还会导致孩子形成依赖心理,只会等着老师"喂"知识、"喂"方法。

从结果上看,因为总能保持先人一步,小学时,小煜一直成绩优异。但到了初中,迟迟未能形成学习方法的劣势就逐步显现了出来。尤其到了初三,学习上基本以总复习为主,不再有新的知识时,小煜原来的"假优势"已无用武之地。反之,那些学习成绩本来就不错,又主要靠自己摸索形成了适合自己学习方法的孩子,此时显示出强有力的后劲。所以从本质上看,并不是小煜的成绩下滑了多少,而是其他同学明显进步了。要知道一个年级有十余个班级,哪怕每个班只有几个孩子超过他,他的名次都会后退许多。

此外,对初中阶段的孩子来说,肌肉耐力对学习的影响也是举足轻重的。因为肌肉耐力决定了孩子能否在持续高强度的复习中保持充沛的精力和体力,进而影响其学习的专注力。肌肉耐力差的孩子也许学习方法不错,知识沉淀也足够,但他们往往在生理和心理上都很难抗住持久战,从而在考试中容易出现偶发性失误,在关键考试中往往造成难以弥补的遗憾。

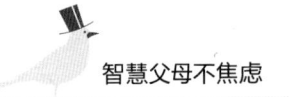

2. 托举孩子需从根源入手

一旦父母了解了初中的学习节奏就能明白，要想在学习上助孩子一臂之力，一定要从根源着手。

（1）如果孩子现在还没进入初三，一定要注重提前培养孩子掌握学习方法的能力

在孩子年级较低的时候，父母切不可将教育重点放在片面追求孩子的短期成绩上，更不能像小煜的父母一样，靠请家教、补习的方式拖着孩子往前走。孩子一旦形成对"拐杖"的依赖，在面对问题时会更抵触，只会依赖老师和父母的帮助，不会自己想办法。

如果因各种情况，孩子确实需要上补习班，父母要格外注重老师的教学方式是侧重教方法，还是仅限于简单地灌输知识。有时间和能力直接辅导孩子的父母也要注意，千万不要简单地把自己的方法论手把手地教给孩子。否则，孩子很可能会形成等、靠、要的坏习惯，而且会习惯于走捷径，总期待用最短的时间、最简便的方法取得最好的成绩。总之，当孩子缺失了自我探索学习方法的过程，也就无法形成属于自己的学习能力。

（2）如果孩子已经上初三，查漏补缺是前提

如果孩子已经上初三，这时候不要急于教孩子学习方法，而要先引导孩子进行卷面分析，精准捕捉现阶段的知识遗漏点，然后逐个击破。让孩子通过查漏补缺建立自信，并在这个过程中通过归纳总结，自然而然形成学习方法。

通过多轮知识盲点的筛查，不断缩小重点复习的范围，通常会效率更高，效果更好。但要强调的是，在这个过程中，父母务必让孩子学会将错题进行分类归纳，养成随时梳理错题、汇集成册的好习惯。通过归纳，孩子才能清晰地看到问题所在。例如，很多孩子会因为审题不细致而丢分，但因为每次考试只有几分丢在审题上，所以对这个问题并不重视。可一旦把错题汇集到错题本上，孩子会吃惊地发现，原来，因为审题粗心，他在一个学期内已经丢了上百分，或者这种错误已经占到总错误量的50%以上，这时，他才会痛下决心改掉这一坏毛病。

（3）无论孩子处在哪个年龄段，都不可忽略体能的训练

如果父母能够静下心来仔细分析，就会发现孩子学习上的问题其实往往出在体能上。所以,无论一家人平时有多忙,都要确保孩子每天进行不少于15分钟的基础运动。

美国加州大学戴维斯分校的一项研究显示,剧烈运动半小时到一小时,可以明显增加大脑中谷氨酸和GABA（γ-氨基丁酸）的含量,而这两种神经递质影响着大脑神经元之间的信号交流,它们的增加,会促进大脑神经元信号的传递,进而提高孩子的学习效率和记忆效率。总之,方法需要跟着节奏走,只有在初中的不同阶段匹配相应的方法,才能为后续高中的学习奠定最坚实的基础。

天赋 Tips

父母都要明白,初中阶段是长达36个月的一个周期,这就意味着所有的问题不可能一次性全部爆发,更不可能一次性全部解决。孩子在初中将先后面对9个文化科目和1个体育科目,总计10个科目的学习和考试,这对孩子的学习能力、身体素质是全方位的考验。因此,父母在陪伴过程中找对节奏感非常重要。切记不要在初一时就一股脑儿地给孩子施加高压,又在孩子出现波动时气急败坏地全线撤退,稳步前进、小步快跑才是最稳妥的方式。

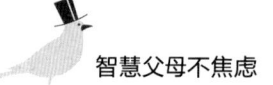

一定要警惕的"初一现象"

春节过后,开学刚一个月,玥玥的妈妈就火急火燎地来找我,第一句话就是"上小学的玥玥有多省心,上初中的玥玥就让人多恼火"。从来不用父母操心学习成绩的玥玥升入初中后像变了一个人,初一第一学期期末考试地理竟然不及格。玥玥父母都是老师,起初并没有太过紧张。当时正逢寒假,两个人便分工合作,铆足劲儿对玥玥来了个全程辅导。谁知初一第二学期,玥玥的学习状态依然低迷,整天嚷嚷着不想学地理了,而且从老师的反馈看,其他几科的情况也不是很理想。

其实,玥玥的情况并不罕见。我见过不少孩子,包括很多小学阶段的优等生,在升入初一后逐渐走上"自我放弃"的道路。地理、历史、道德与法治的大题都有可能成为他们的障碍,因久攻不下,他们索性投降。面对如此不"上进"的孩子,父母往往先是崩溃,继而感到无奈,有些人除了徒呼感慨"啥时能熬到头"之外,常常会陷入茫然无措的状态。

其实当孩子出现这种状况时,父母大可不必惊慌,这是非常普遍的"初一现象",既有因可循,也有计可施。

1. 三重因素共酿"初一现象"

为什么会出现"初一现象"?原因其实有很多,但其中有三点最为重要。

原因一,初中阶段的学习对孩子的学习能力提出了不同于小学时的要求。小学阶段,孩子大脑发展的重点是枕叶区、颞叶区、顶叶区,也就是学习的输入通道。如果孩子视觉好,爱看书,或者孩子听觉好,上课注意力集中,或者孩子体觉好,动笔勤快,成绩通常就不会差。但到了初中,随着学科的增多,需要掌握

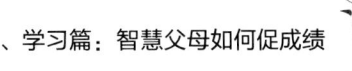

的知识越来越庞杂，此时更需要孩子用逻辑思维能力来对知识点进行串联。这项能力由后额叶区左脑掌控，属于学习输出通道的范畴。有的孩子后额叶区左脑先天发达，往往可以快速找到记忆的方法，形成自己的记忆套路。但有的孩子在这方面的能力相对薄弱，又没有人帮助他去构建学习方法，导致记忆能力无法匹配学习的相关要求。这时候，即便孩子很努力，依然很难取得理想的效果。而一旦这种状态长期持续，就容易使孩子慢慢失去自信。玥玥的情况正是如此。

原因二，孩子进入初一后要同时学习七门学科，想让一个孩子同时喜欢这么多科目是不现实的。比如生物课在初一上学期要学习软体动物、环形动物等，一些孩子平时就比较惧怕昆虫和软体动物，自然会反感这些内容，不愿意去多看、多想；再如地理课需要大量看地图，但有的孩子视觉能力不强，会本能地抵触看图。众所周知，兴趣是最好的老师，无论什么时候，喜欢都是学好的前提，一旦孩子不喜欢乃至厌恶某一科目，就很难真正用心学、学得好。

原因三，孩子在小学时期养成的坏习惯在进入初中后被进一步激化。其中最典型的坏习惯就是懒惰。小学以语文、数学、英语三科为主，只要父母盯得紧，老师要求严，哪怕孩子懒点儿，也能对付过去。但到了初中，新增的历史和道德与法治等科目都需要大量背诵，考试时书写量大，手懒的孩子会自动绕道；还有的孩子勤于动手但懒得动脑，碰到比较难的英语阅读、语文阅读就避重就轻，懒于思考应答，成绩自然会下降。

2. 先手策略"三步走"

当孩子出现"初一现象"时，父母应怎么办？

在这一点上，和玥玥父母一样，同为老师的悠悠姥爷堪称范例。悠悠姥爷是知名大学的老师，因为教育经验丰富，他对悠悠的初中学习做了整体规划，采取了"先下手为强"的策略。具体方法是：

在悠悠刚进入初一时，悠悠姥爷就与她做了一次深度沟通，对初一的七门学科进行分析，并决定实行卡位战略。语文、数学、英语三科，初中成绩受小学基础能力的影响较大，很难迅速脱颖而出；但新开设的科目则是所有同学同一起点，无论小学的成绩如何，每个孩子都有可能实现单科高分的突破，因此悠悠姥爷引导悠悠在历史、地理、道德与法治、生物这四门新课程中，首先选出一科实现重点突破。这个分析思路让悠悠瞬间充满动力，树立起初中阶段的第一个明确目标。在具体选哪一门学科进行重点突破上，悠悠姥爷也极具见地。结合悠悠从小游历广博，跟爸爸妈妈去过很多国家，本身就对地理知识非常感兴趣的特点，他建议悠悠从地理着手。接下来，悠悠姥爷购买了中国地图和世界地图贴到墙上，挑选重点内容提前备课，每周有两三天带着悠悠花十五分钟的时间，在地图前进行识记。

在悠悠姥爷的细心指导下，悠悠在初一的第一次期末考试中，地理标准化部分获得满分，排名年级第一；综合成绩也进入班级前五。悠悠因此信心大增，寒假期间主动安排预习，学习自驱力大大提升。

悠悠姥爷的方法总结起来就是"三步走"，如图2-1所示。

定战略（卡位）

三定图

定方法（学科）　　　　定策略（优势）

图2-1　优势规划三定图

第一步，定战略

战略的核心是卡位，其意义在于，一旦在某一学科实现了突破，孩子内心就会对自己进行定位：我属于学习成绩优异的学生，我可以学好初中的学科。这里要注意的是，卡位一定要聚焦一门科目进行突破，千万不要追求各科齐头并进。因为孩子的时间、精力都是有限的，如果平均使用，很难保证效果，容易打击孩子的自信心。此外，战略确定后，务必保持战略定力，不要轻易摇摆。就算刚开始没有取得预期的成果，至少也要坚定地执行一个学期。

第二步，定策略

在这一步，一定要从孩子的兴趣或先天优势出发，而不是根据父母的主观想象做出选择。这里的优势既可以是通过追溯孩子的个人经历得出，也可以直接来自对孩子天赋优势或潜能的分析。比如视觉能力强的孩子可以选择以识图为主的地理，动手能力强的孩子可以选择需要动手做实验的生物，逻辑思维能力强的孩子选道德与法治通常更具优势，听觉能力强的孩子以历史为突破口或许是更好的选择。

第三步，定方法

方法要结合学科的特点确定。比如地理需要地图和地球仪，生物要匹配显微镜，对道德与法治和历史来说绘制思维导图会比死记硬背有效果。可以巧用费曼学习法[1]，即每当孩子完成当天的学习任务，就让孩子进行复述也是个通行的好方法，因为一旦从学变成教，孩子就能把知识内化成自己的知识储备。

悠悠姥爷的"三步走"，可适用于所有的孩子。如果你发现孩子在小学时便适应能力弱、在学习上容易畏难，就要更早地做筹划，从战略卡位开始，帮助孩子相对平稳地完成从小学到初一的过渡。

天赋 Tips

初中三年，每一年都各有重点。初一有不适应的现象，初二有两极分化的现象，初三有备考焦虑的现象。父母要明白，无论出现哪种现象都是正常的，所以，心态不能慌，但方法要跟上。这时考验的就是父母对学习阶段特点的掌握，以及多种教育策略的使用了。

还要提醒的是，很多父母都会认为，初中的重点是初三准备中考，因此把所有的劲头都铆在了初三上，但这种临时抱佛脚的策略并不可取。要知道，初中的根基在于初一，孩子起步稳，后边才能跑得快。一次做对效率才是最高的，抓好初一的起步期，避免初二和初三返工复习，才是高明的初中学习之道。

---

[1] 费曼学习法是由诺贝尔物理奖获得者理查德·费曼（Richard Fleynman）提出的。其核心就是"通过用简短的语言，向别人清楚地解说一件事，来检验自己是否真的弄懂了这件事"。

语文如何托起初中"小四科"

和闺蜜聚会时,两个老朋友的对话引起了我的注意。这两个朋友的孩子一个叫小树,一个叫琪琪,两个人自小就是好朋友,而且在学习上多年来也保持势均力敌。唯一的区别在于,小树偏爱数学,常常能拿到满分,相对来说语文成绩不那么亮眼,平时也只喜欢看漫画书和推理小说。琪琪数学不那么强,但却是个百分之百的小书虫,阅读范围广,总能在自己满满当当的小书柜前享受读书的快乐。受益于广泛的阅读积累,琪琪的作文写得很好,常常被老师当作范文在全班朗读。

现在两个孩子都上初一,情况却发生了微妙的变化。小树在数学上依然一骑绝尘,但对道德与法治和历史基本无感,生物和地理两科他虽不反感,可也成绩平平;琪琪则在保持语文优势的同时,道德与法治、历史、生物和地理四科也是门门优秀。第一学期期末考试,两人的总成绩竟然相差30多分。

听到这里我不禁感叹,这就是语文的威力啊!语文学得好不好,影响的不仅是一科的成绩,而且会对整个文科类产生巨大影响,甚至会影响看似和它"无关"的理科成绩。尤其在初中,这一效应会越发突出。我将其总结为:一门托举四门。为什么这么说呢?

1. 语文学习的底层能力

语文成绩好的孩子,通常大脑的枕叶区较为发达。枕叶区决定了一个人的视觉能力,又细分为左右两个半脑,功能各有侧重。

枕叶区左脑影响孩子的视觉辨识能力,主要体现在:在小学低年级阶段,会直接影响孩子的识字速度和书写准确度;等孩子进入高年级,影响则集中表现在精读能力上。枕叶区左脑发达的孩子，对文字有着天然的喜爱，在书写时错别字很少，卷面整洁，阅读时则往往能做到不错过细节，尤其在做阅读题时，表现出超强的信息定位抓取能力。

枕叶区右脑影响孩子的阅读兴趣和快速阅读能力。枕叶区右脑发达的孩子，天然喜欢书面学习的方式，爱看书，也会看书，有的孩子甚至能做到一目十行快速通览。而随着语文教育改革的推行，卷面字数大幅增加，能不能做完卷子成为考试的关键挑战。枕叶区右脑发达的孩子往往在这个方面具备天然的优势。

如果孩子枕叶区左右脑发展均衡，两种视觉能力都很强，就能成为语文学习的能手。这类孩子泛读量大，同时具有卓越的精读能力，在考试时如虎添翼，琪琪正是如此。这就不难理解，为什么她的语文优势会一直延续到初中。

那为什么学好语文一门学科，可以托举起历史、地理、道德与法治、生物四科的学习呢？

这也有两个原因。原因一，道德与法治和历史都有大量的文字材料，偏重于阅读和记忆，可以将其理解为"有主题的语文"，它们需要的底层学习能力与语文是一致的。快速阅读能力强的孩子通常在小学阶段就阅读了大量与文史有关的书籍，对历史和道德与法治中的文字材料有一定的知识储备，更容易进入相关语境，记忆效果自然突出。原因二，初中的生物和地理都处于启蒙阶段，需要孩子大量识图，其底层学习能力是视觉处理信息的能力。如果孩子的图像记忆能力强，喜欢看图，能看得细致、记得准确，就能提升学习效率。

除此之外，语文还会影响理科成绩。这主要是因为，基础阶段的理科科目所涉及的内容并不复杂，难点在于做题时能否对题干做出准确理解，这一点考验的正是孩子的阅读理解能力。琪琪在升入初中后，除了文科类科目，理科科目成绩也比较稳定，正是得益于她拥有强大的阅读理解能力。语文能力一托四示意图如图2-2所示。

历史　地理　道德与法治　生物

快速阅读　枕叶区　视觉辨识

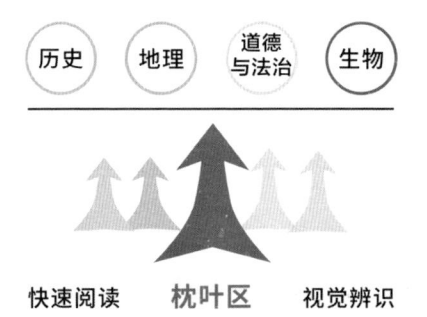

图2-2　语文能力一托四示意图

2. 怎样提高语文阅读能力

很多孩子到了初中，看上去是出现了文理偏科，但根本原因其实在于孩子的阅读理解功底不够扎实。所以，父母的当务之急是帮助孩子提高语文阅读能力。语文阅读能力堪称各科学习的母能力，即便孩子现阶段语文成绩优异，父母同样不可忽视对孩子语文阅读能力的培养。

（1）如果孩子处于小学阶段，一定要坚持语文精读训练

所谓精读是指孩子通过阅读，可以圈画出关键意思，并且能够用简练的语言对阅读内容进行准确的概述。父母一定要注意，孩子喜欢看书并不代表会看书，阅读量大并不等于会精读。当孩子看完一段文字或者一本书时，父母可以通过提问的方式，看看孩子能不能对材料中的细节准确作答。如果可以，说明孩子已经具备了较好的精读能力，反之就说明他可能还处于只看故事情节的泛读阶段。泛读虽然也可以扩大知识面，但孩子并没有全面深入地理解其所阅读的内容，对答题的帮助并不明显。

（2）如果孩子已经进入初中，建议重视预习

如果父母认真翻阅初中的教材，就会发现每一章、每一节、每一段的内容其实并不复杂。所以，在这个阶段，孩子做到坚持预习并不难，每天只预习次日要学的内容，30分钟就足够了。但预习不能停留在翻翻看看，孩子预习完毕，要让他来当老师，简单地给父母复述一下课程内容。如果有讲述不清晰的地方，父母也不要急着批评。当孩子带着问题进入课堂时，自然会将其作为听讲的重点，从而取得更好的学习效果。

（3）刻意让孩子进行读题训练

对任何科目来说，审题都是答题的前提，很多孩子其实是被卡在了审题这一关。所以，如果时间允许，父母最好每天选几道题干比较复杂的数学应用题，或者物理、化学的材料题，让孩子抽出十分钟来大声朗读。通过孩子在朗读过程中的重音与断句，父母就能清楚地观察到孩子读题是否认真，是不是精准地抓取到了信息点。不要小看这个简单的练习，持续训练一段时间之后，孩子会读得越来越流畅，不再磕磕巴巴，甚至漏掉关键字，这就说明他已经可以做到快速理解并准确、全面地掌握题意了。

不管是精读训练、预习训练还是读题训练，对原本阅读能力较差的孩子来说都是挑战，所以父母一定要鼓励并督促孩子长期坚持，及时肯定孩子的细微进步，切莫半途而废。

天赋 Tips

我经常对父母说的一句话是："学好语文，一本万利。"语文的效用太大了，性价比太高了！语文关乎一个人对文字的理解能力，同时还能够扩大视野，扩充知识储备，落地到孩子的学习上，更是读题、审题、阅读理解、写作、识图、材料分析等每一个考点都不可或缺的能力。

具备了语文学习能力，不仅对历史、道德与法治、生物、地理这四科的学习会形成加速度，而且对数学、物理、化学等传统意义上的理科同样有巨大的帮助。所以，父母不但要在思想上重视语文，更重要的是，帮助孩子找到学习语文的正确方法，触类旁通，事半功倍。

数学学习的"两个坑"

连续多天以来，京京妈妈的心情都处于焦虑状态。因为京京自升入初中以后，数学成绩始终起伏不定，且隐隐有下滑的趋势。

其实，京京小学时数学成绩并不差，无论是父母还是他自己，都对他的数学学习能力颇具信心。到了初中二年级，被公认为难点的因式分解部分，京京学起来并没有太大压力，但在三角形和勾股定理两个几何内容上，却连续跌了两个大跟头。京京说，一面对复杂的图形，他就有点儿弄不明白。上课时他明明听懂了，也知道在做几何题时可以用想象的方式在脑海中呈现出图形立体的状态，再通过辅助线切割图形，找到解题的思路，可每次他想破脑袋，都找不到画辅助线的突破口，这让他无比惧怕要画辅助线的题目。

更糟糕的是，频频受挫之后，京京对几何题越来越抵触，复习时在几何题目上花的时间也越来越少。后来发展到每次考试，他都盼着几何题所占的比例少一点儿或者简单一些。京京为此感到非常痛苦，同时也很困惑，为什么自己的数学学习能力突然间就下降了呢？

1. 几何解题要过两关

京京妈妈来找我求助时，我首先告诉她，数学学习中有两个隐蔽的难点。不巧的是，京京都踩上了。

第一个难点和图像记忆能力有关，这项能力由大脑枕叶区左脑决定，关系着孩子对图形的敏感度和记忆效率。

很多父母都知道，决定数学学习的关键能力之一是逻辑思维能力，数学中的代数部分重点考查孩子对指代关系的理解和推理能力，逻辑思维能力强的孩子容易理解虚拟指代的概念，通过推理就能明白题目所指，进而快速解题。

但数学中的几何部分则与此不同，几何以图形为主，首先考查的是孩子对图形的辨别、分析和记忆能力，逻辑推理也要在图形信息的基础上进行。所以，图像识别和记忆能力成为几何解题的第一关。图像记忆能力强的孩子读图能力强，看到题目时，能快速回忆起例题上的图形，并找到二者的关联；相反，图形记忆能力相对较弱的孩子对图像信息并不敏感，即使反复训练也只能做到模糊记忆，只要图形稍有变化，对他们来说就如同新题一样。特别是几何题多为组合图形，图形信息量大，在他们看来就像一团乱麻，连基本的信息都无法有效提取，更不要说快速解题了。

第二个难点和空间想象能力有关，这项能力由后额叶区右脑决定，关系大脑对空间的估算能力，可以理解为在大脑中对几何的建模能力。

在几何的学习中，孩子需要依靠空间想象能力，在大脑中将二维的图示转换成三维空间中的立体图形，再来判断图形之间的位置关系和变换角度。这也构成了几何解题的第二大难关。

如果孩子的空间想象能力先天较强，就很容易完成这个虚拟的"3D建模"过程。但对空间想象能力相对较弱的孩子来说，要做到这一点确实很难。他们往往能够读懂题，也能够识别图像信息，但由于无法自行构建出图形彼此的位置关系，更无法在大脑中对图形进行虚拟的旋转和移动，因此只要面对的不是单纯成像即可解决的题目，他们就很难找到突破点。而由于空间成像比平面多一个维度，变换角度会更加复杂，因此单靠背例题是低效甚至无效的思路。

2. 见缝插针进行多维度训练

和其他学习能力一样，无论是图形记忆能力还是空间想象能力，都有天赋决定的因素，但也可以通过训练加以改善和提升。而且不同阶段的孩子，训练重点也有所不同。

（1）如果孩子还处于小学阶段，图形识别和记忆应成为训练重点

无论是在生活、学习中，还是在游戏场景中，父母都可以找到教育契机，不断强化孩子的图形识别和记忆能力。生活中，父母可以多引导孩子进行图形的寻找和识别，让孩子通过具象的物体加深对抽象图形的概念理解；学习上，父母可以购置一些基础的数学教具，让孩子拿着不同图形的模具进行旋转、彼此遮挡或位置移动，观察由此带来的变化，加深孩子对各种图形转换的认知和识别；游戏时，父母可以刻意配备一些磁性插片或乐高类玩具，让孩子在亲手搭建的过程中形成初步的具象建模能力，这会为他未来在头脑中进行虚拟建模积累基础的视觉印象。

（2）空间想象力提升，从空间感知力训练开始

空间统合的训练较为复杂，但也同样可以从生活中找到训练机会。我推荐父母使用绝佳的训练工具——尺子。父母可以购置装修工人使用的激光尺，让孩子识别居家环境的空间方位与各种器物的长度。

具体步骤是：父母先带着孩子一起绘制出简易的家庭装修图，用激光尺丈量每个房间的具体尺寸，并在白纸上画出每个房间的相关关系，然后用尺子量出家具的具体尺寸，逐个摆放在先前绘制好的房间图形上。此时的孩子可能尚未掌握立体绘图法，但没有关系，只要示意图能够准确呈现出各物体之间的关系，以及家具尺寸与房间尺寸的比例关系，孩子就能够在头脑中形成初步的空间模型。当孩子在视觉上对绘制的所有图形都非常熟悉时，从具象到抽象的第一步训练就算完成了。

在此基础上，父母可以带孩子走到户外或其他大型室内空间，比如广场或博物馆，教孩子用步幅计算的方法去丈量更广阔的空间，并尝试绘制出简易的图形。让孩子在对具象物体与空间的识别中慢慢形成抽象的图形表达能力，最终学会在头脑中进行虚拟建模。

天赋 Tips

想象力是一种不可逆的神奇能力。通常情况下,随着年龄的增长,孩子知道的具象事物越多,想象能力的火花就会越弱。

要想最大限度地保护孩子的想象力,父母就要格外注意,尽量控制自己的情绪和不断纠正孩子的习惯,不要总是告诉孩子必须怎么样、一定怎么样,寻求所谓"正确答案"恰恰是对孩子想象力的一种约束。从某种角度看,人类所有的创新都来自"不听话"。所以,当孩子的想法看似天马行空时,父母千万不要嘲笑,更不能压制,唯有让孩子在想象的空间里任意驰骋,才是对其想象力的最好保护。

英语要不要提前学

一直以来，在萱萱家，关于英语的学习总能引发萱萱爸爸妈妈的辩论。萱萱小学的时候，在妈妈的陪伴与督促下，完成了大量的分级读物阅读，而且通过学习自然拼读也掌握了良好的发音技巧，因此英语成绩一直在班里名列前茅。现在萱萱上初中了，萱萱妈妈打算给萱萱加量、提速，期待她在英语上取得更大的突破，但萱萱爸爸明确表示反对。用萱萱爸爸的话说就是，小学阶段语数英都不难，萱萱妈妈这么偏心英语就算了，但初中开始新增了六门课程，而数学更是公认的有难度，因此在时间安排上不能再以英语为主，何况萱萱小学时的英语底子不差，就算不额外花费时间，萱萱的英语也依然可以保持一个好成绩。

"官司"打到我这儿，萱萱的爸爸妈妈非要让我给个决断：英语到底要不要提前学？

我给出的建议是，无论哪个学科，孩子学习的终极目的都不是考试，而是提升学习能力，增强学习兴趣，建立学习信心。萱萱从小就呈现出极强的语言天赋，在学习英语的过程中不仅效率高，而且散发着自信的光芒，属于难得的自驱型学习。因此对萱萱来说，超前学反而更容易激发她的学习兴趣，应该顺应她的天赋优势继续学。

当然，每个孩子的情况不一样。如果孩子本身学习基础知识都感到吃力，或者并没有明显呈现出对英语的兴趣，那么父母就不要强压孩子，否则结果往往适得其反。

1. 英语学习的两条路径

关于青少年儿童的英语学习，一直有两大流派并行。一派主张将其作为技能进行培训，所以讲究记忆的工具和方法，训练的也是对工具的熟练使用，标准化培训即为这一主张的最突出体现。在培训中老师重点教孩子各种答题技巧和套路，甚至连对话都会用公式去套，最关注语法是否正确；另一派则主张将其作为文化学习的一部分，认为学英语重在体验和应用，只要孩子能够在交流中表达出应有的意思，无须严格界定语法和词汇。

家有初中生的父母，在面对孩子英语学习时，也同样分为两个阵营。一个阵营认为，初中英语学习的难度有所提高，孩子能否学好英语取决于逻辑分析能力。另一个阵营认为，语言的首要用途是应用，所以做好情景体验和交流才是核心。从实际情况看，不同孩子的英语学习风格确实也分为相应的两类，一类孩子先天逻辑分析能力比较强，能迅速找到语言的规律，属于分析型学习者。他们重视文本分析，精通语法学习，应试能力强；另一类孩子则交流意愿高、听觉敏感，属于感受型学习者。他们通常语感好，发音标准，表达流畅，用词地道。

在学校的英语学习中，以上两类孩子虽然在听、说、读、写四个方面能力有所不同，但总体而言，英语成绩都不会太差。

但也必须承认，有的孩子在英语学习上确实会感到比较困难，即便他们已经非常努力，但无论是应试还是交流表现都不尽如人意。这是因为，从生理上看，孩子的英语学习能力取决于大脑的两个区域：一是颞叶区，核心职责是负责语言信息的输入；二是后额叶区，主管语言信息的输出。如果碰巧孩子在这两个脑区都不具备先天优势，就会呈现出三个突出的表现：

第一是对语言天然不感兴趣，会不自觉地回避英语学习，尤其是听力练习。即便不得不学，也会感到特别痛苦；第二是发音不好听，难以掌握基本的发音规律，而且在拼写单词时容易出错，并非完全想不起来怎么写，可总容易混淆具体的字母组合或顺序；第三是开口率非常低，有些孩子哪怕精通语法，完全听得懂，也不愿意开口交流，如果被迫进行英语对话，也往往会采用简略、单一的词语应付了事。

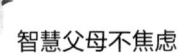

2. 英语学习在技术层面的解决之道

以我的经验看，无论孩子是否具有先天优势，父母都能够找到相应的方法提升孩子的英语学习能力。因为中国孩子学习英语和学习语文不同，后者是文化学习，前者则首先是语言学习，可以理解为技能学习，而技能学习在技术层面定有解决之道。

（1）如果孩子先天语言能力不够强，请父母回归理性

如果孩子先天语言能力不够强，父母要做到不攀比成绩，不盲目追求提前学，而是紧扣课本，加大单词、句型、课文等课内基础知识的训练。这样的训练重在长期坚持，但每天只需10~20分钟即可。少量多次的训练能让孩子首先感到学习英语并不难，这样才可能激发出他在未来再向前走一步的勇气。这就如同父母对待体质较弱的孩子时，如果期待孩子健康，应该加强其基础体能的训练，而不是直接把孩子送到体校去参加竞技性比赛。

（2）如果孩子先天语言能力有优势，先找到语言学习的规则，并针对规则进行刻意的训练，保证训练时间和强度

在语言学习上，方法很重要，规划更重要。在语言能力上具有先天优势的孩子学习英语的效率会更高，父母可以大胆加快其学习速度，但依然要循序而为。建议每周保证稳定的专业课程，同时在不上课的日子里保持基础训练，秉承先复习再提高的原则。复习时，确保基础内容万无一失，提高时再进行知识拓展，刻意增加题目难度。父母切勿在孩子根基不牢的情况下，就急着催促孩子提前学。否则等孩子到了高年级，因为基础不够稳固，成绩会慢慢往下掉，尤其会出现小错不断的情况，时间久了容易积重难返。

当然，对这类孩子，父母也不要轻易满足。如果孩子已经扎实地掌握了基础知识，父母可以引导孩子慢慢从语言学习过渡到文化学习。具体方式是：增加更多的生活化应用场景，比如去外国朋友家做客，看英文原版书籍、电影等，给孩子塑造一个全方位的文化感受氛围，让他将英语纳入日常思维和交流运用中去，养成好的语感。不过，这个过程会比较漫长，父母需要抛却急功近利的心态，耐心等待学习效果的逐渐显现。

天赋 Tips

对不少中国家庭来说，英语学习是典型的起步早、用时多、效果却不明显的一门学科。父母往往会处在一种两难的境地，不提前学担心孩子跟不上，提前学但效果不明显又觉得是在浪费孩子的时间。

其实父母最应该做的首先是调整心态，不要简单地以学科学习投入时间的多少来衡量最后的成果；其次要抓住孩子不同的特点，如果先天语言优势强则加大投入力度，让英语成为优势学科，如果先天优势并不明显，孩子兴致也不高，则回归教学和考试的标准，认真学，取得良好的考试成绩即可。

物理和化学究竟在考查什么能力

"女生偏文、男生偏理"到底有没有科学依据,该怎么改善?这大概是玲子妈妈近期最关心的问题了。因为一向被公认为学习小能手的玲子,居然开始搞不定理科了。

回顾玲子之前的学习,可谓顺风顺水、全面开花,不但总成绩始终保持在第一梯队,而且没有明显的弱势学科。但升入初二后,玲子第一次感受到了受挫的滋味。刚刚接触物理时,玲子就发现自己对这个学科完全没有感觉,她并不觉得物理有多难,上课也似乎都能听得懂,但一做题就是没有思路。后来凭借数学的扎实功底,以及增加练习时间和题量,玲子的物理成绩才慢慢赶了上来,但也始终不像其他学科那样拔尖。

到了初三开始学化学的时候,玲子感觉初二学习物理时的困境再次出现了,对这个科目她莫名地没感觉、没兴趣。起初,她准备沿用老办法加大练习时间和题量。怎奈各科都要备战中考,根本腾不出额外的时间来学习化学。因此,玲子的化学成绩始终不见起色,畏难情绪越来越明显。

玲子妈妈无奈之下,只好宽慰玲子,说女孩理科就是会差一些。但其实,她自己也不敢肯定原因是否就是如此。

1. 学不好初中物理、化学的主客观因素

对于"女生偏文,男生偏理"这个普遍的习惯性认知,我们到底该怎么理解呢?这就要探究初中阶段物理和化学学习究竟在考查什么能力了。

对物理和化学来说,初中是启蒙学习的阶段,学习内容主要聚焦于介绍最基本的原理。比如物理中的牛顿定律、化学中的分子式等,无论从知识难度还是深

度来看，都是入门级别的。

但对孩子来说，这些内容非常陌生。在家庭生活中，出于时代的因素，孩子的父母那一辈有可能在小的时候还会参与到家庭建设中，如换灯泡，如果是在农村长大的，说不定还有机会接触农用器械，甚至自己动手做汽水，或多或少对物理现象和化学元素有切身体会。而孩子这一辈则衣食无忧，若非父母刻意安排，平时根本没有相关的实践机会。日常交流中，父母关注的内容主要聚焦在语文、数学、英语等主科上，很少会和孩子一起探讨物理现象或化学反应。在学校教育中，因为主流的教学方式是讲授，这也就决定了孩子对很多知识仅是听过，但从没见过或感受过。当然，有不少父母会为孩子报课外兴趣班，但也多以琴棋书画为主，孩子接触科学实验的机会并不多，更别说对之进行长期系统的观察和学习了。

以上种种造成了孩子在物理和化学上的认知是相对空缺的，无法将书本上的内容与生活中的具体现象真正联系起来，成为他们物理和化学学习上的普遍障碍。

除了这些客观条件，主观因素也非常重要。从大脑功能来看，枕叶区负责一个人的视觉能力，视觉能力强的孩子善于观察生活，能把很多小细节尽收眼底，进而引发思考。与之相反，有些孩子视觉能力相对较弱，对生活百态视而不见，即使很多物理现象就发生在他的眼前，他也很难意识到，更不可能产生与之关联的学习。此外，顶叶区决定了一个人的动手操作能力，顶叶区相对弱的孩子会觉得动手做实验是一件非常麻烦的事情，怕苦、怕累、怕脏、怕难。即便有实验机会，他们也可能不会认真操作和体验。正是由于缺乏动手探索的好奇心，所以他们在物理、化学这类以实践学习为主的学科上，往往会像玲子一样，没感觉，没兴趣。

2. 学会善用物理、化学学习的三大突破点

即便抛开学校考试的需求，从孩子未来应对生活及长远发展的角度来说，物理和化学常识也应该是孩子必须掌握的内容。所以，尽管面临诸多挑战，父母依然要努力帮助孩子找到突破点。

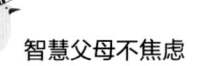

（1）从物料准备入手

对应孩子与物理、化学常识距离较远这一客观因素，父母可以从物料准备入手，采购一些相关的教学教具，让孩子在家里也能实践。比如和孩子一起组装一个自动驾驶的小汽车，一起做一些有趣味的化学小实验。父母也可以在网上找一些与物理、化学知识点相关的浅显的视频资料，增加孩子学习的方式。动手能力比较强的父母，还可以有意识地带孩子做一些家务活，比如换灯泡、组装小家具、清洗灶具等。这样孩子可以在生活中学到物理和化学知识的妙用，而不再将其仅仅视为枯燥的书本知识，有了这种"沉浸式"的体验，孩子才有可能对物理和化学产生浓厚的学习兴趣。

（2）从陪伴入手

对应孩子不善于观察、缺乏探索兴趣的主观因素，父母可以从陪伴入手，从正向的角度引导孩子从生活中寻找显而易见的物理和化学现象，仔细观察，共同探讨。父母要理解那些先天视觉能力或动手操作能力偏弱的孩子，他本身的主动意愿不强烈，而人在自己不具备优势的方面，确实需要外力推一把才能继续前进。所以父母一定要有耐心，即便孩子一时反应不够快，做得不够好，父母也应尽量避免用批评、指责的方式对待孩子，否则会导致孩子更加抵触学习。

（3）从孩子的兴趣入手

孩子的兴趣和成绩往往互为作用力，越感兴趣，越爱学，成绩就越好；相应地，成绩越好，获得的正反馈越多，兴趣就越强。但并不是每一个孩子都能在刚刚接触一个新学科时，就非常明确地知道自己是否真正感兴趣。这时，如果能及时出现正反馈——无论是一位好老师的教学特别有趣，还是在一次考试中获得优异的成绩，都足以使孩子点燃对这门学科的热情。因此，在孩子刚开始接触物理、化学时，父母最好花一点儿时间让孩子提前预习，减少入门的阻力。同时在学科难度较小时，应养成日常练习的习惯，让孩子通过在小考中取得好成绩建立学习这门学科的自信，这会比触底后再扭转劣势容易得多。

天赋 Tips

对化学和物理这两个学科的理解与计算能力和数学有一定的相关度，既考验孩子的逻辑思维能力，也考验孩子的数学基础能力。比如，初中二年级的物理会讲到单位换算，而这个能力的基础在于小学数学讲到的单位换算，有些孩子小学时对这部分知识掌握得并不扎实，这时就容易产生连锁反应。

所以，父母一定要重视起步阶段，对完全陌生的学科，不能单纯要求孩子自己努力，更不能在孩子成绩不佳时简单粗暴地认为是孩子不够努力、不够用心，在孩子表现出不理解或者有困难时，父母应适当予以讲解，及时给予帮助，陪伴孩子渡过学习难关。

历史和道德与法治怎么才能记得又快又牢

初三第一次模拟考试成绩出来了,睿睿的历史和道德与法治成绩都不是很理想,这在爸爸看来真是不可思议,因为这两科都是开卷考试,在爸爸眼里,这就等于照着抄还抄不对。他先是严厉地批评睿睿复习时下的功夫不够,对内容掌握得不够熟练,看到儿子有些失落后,又给儿子打气:"历史和道德与法治不就是多背点儿书吗?咬咬牙就克服了。"

听到爸爸的话,睿睿是既委屈又不服气。他觉得自己已经足够努力了,但奈何知识点太过庞杂,要背诵的内容太多,实在是记不住。而且,虽然是开卷考试,但两门课十二本书,考试时翻都翻不过来。况且材料分析题千变万化,也不是只靠抄写教材上的原文就能解答的,所以开卷考跟闭卷考相比,难度一点儿也没降低。不但睿睿这么想,他的许多同学也都认为背诵历史和道德与法治是个又累又麻烦的苦差事,成绩不理想只能怪这两科学起来太难。

那么,历史和道德与法治的学习真的如大多数孩子所想的那样吗?以我的经验来看,其实也不尽然。只要掌握了正确的学习方法,即便是历史和道德与法治内容庞杂,也能记得又快又牢。

1. 历史和道德与法治学习的多重考验

知其然,也要知其所以然。在学习具体方法之前,我们依然要先了解历史和道德与法治考查的是哪个方面的学习能力。

毋庸置疑,历史和道德与法治作为文科中的代表科目,二者的共同之处是要求孩子具有强大的阅读能力以及文字信息处理能力。归纳起来,考查的是孩子的整体视觉能力。而从天赋特征的角度来看,因为每个人的大脑枕叶区发展程度各不相同，所以在视觉能力上会呈现出显著的个体差异。大脑枕叶区发达的孩子视觉能力强，对文字的信息处理速度很快，有的孩子甚至能做到将书中内容存储为一张张图片进行模块化记忆，即使合上书，他也能清晰地回忆起每一页的内容和插图位置。

历史学科对学习者的逻辑能力要求比其他学科更高。从纵向看，孩子要明了历史传承的因果关系，也就是形成清晰的时间轴，才能避免对历史事件张冠李戴；从横向看，孩子还要具备虚拟的历史视野，形成综观全局的记忆能力，才能对同一时期世界范围或中国疆域内不同历史事件的主体做到对比记忆。

与历史一样，道德与法治课程也有其独特的难点，其一是记忆的内容多，但更为重要的是，道德与法治中的大量专有名词在日常用语中比较少见。这就导致孩子在阅读时很难理解其义，回忆时更是无从展开联想。同时，道德与法治中还有很多容易混淆的专有名词，如权力和权利、国家机构和国家机关等，都需要孩子专门进行识别记忆，这也大大增加了孩子的学习难度。

此外，历史和道德与法治之间还有密切的关联，在学习上会相互影响。举例来说，道德与法治中会花大量的篇幅来介绍宪法，宪法第一条就规定了国家性质：中华人民共和国是工人阶级领导的、以工农联盟为基础的人民民主专政的社会主义国家。如果孩子能够快速回忆起中国共产党的发展历史，想到工人阶级的力量以及农民运动的强大基础，那么背诵这个知识点时不仅能做到速度快，而且能保证准确性，反之则容易出现很多常识性的错误。

2. 跳出课本的多维度学习方法

分析下来，要学好历史和道德与法治确实困难重重，但这并不意味着没有解决之法。总体来说，保持大量阅读是通用技巧，在此基础上，还需辅以针对性的解决方案。

（1）对历史的学习，建议从故事开始

历史的发展历程是由一个个鲜活生动的人物、场景以及真实发生过的事件所构成的，有极强的可读性，而且在文学作品中也多有呈现，所以对孩子来说，从故事入手学习是最为简单易学的。父母要注意，不要将孩子的兴趣范围界定得过窄。如果孩子年龄尚小，除了给孩子听那些国人熟知的名著，如《二十四史》《三国演义》等，父母还要主动给孩子增加世界范围历史的涉猎，即便是看历史漫画，也不要仅局限于中国的范畴。

除了通过文字或音视频学习，历史学习还有一个绝佳的途径，就是通过游历进行真实的场景化学习。虽然时空已经变换，但历史总会留下痕迹，可以让孩子们身临其境去看、去抚摸，去感受和想象，这既能帮助孩子跳出课本，也能让孩子对历史知识进行更为具象化的理解和记忆。比如站在秦始皇兵马俑前，充分感受大秦帝国的威仪，回顾秦朝统一中国时的兴盛就更为容易；前往圆明园遗址亲眼看看残垣断壁，则会对中国近代史的屈辱感同身受；而通过游览成吉思汗陵，则会对当时的政治关系、地域版图等有更深刻的理解。

（2）道德与法治学习最有效的方式就是看新闻

很多学校都会倡导孩子每天看《新闻联播》，其实这正是学习道德与法治的有效途径之一。因为新闻播报的内容加上大量的画面，能够让孩子对专有术语形成具体的印象，同时更加熟悉道德与法治的表述方式，增加对道德与法治语境的感受，以及对时事政治的敏锐度。

如果孩子已经上中学，父母还可以安排他们在假期看一些专题纪录片，这看似消耗时间，实则能有效加深对道德与法治知识的理解和记忆。因为经典的纪录片选材往往非常严谨，逻辑清晰，特色鲜明，会让孩子印象深刻，尤其对视觉能力较好的孩子来说效果显著。

总之，大量的阅读积累，"身临其境"感受历史，关注时事，这些都是让历史和道德与法治不再难学的有效方法和学习技巧。

天赋 Tips

此外,还要特别推荐给各位父母一个非常有效的记忆工具——思维导图,它尤其适用于道德与法治,以及历史科目的学习和记忆。除了大家熟悉的括号图,双气泡图、流程图、树形图的应用,都可以帮助孩子加深记忆。比如在历史的内容记忆中,百家争鸣就可以用树形图记忆,一目了然;在道德与法治的内容记忆上,根本政治制度与基本政治制度就可以用双气泡图来对比记忆,异同点清晰准确。

思维导图的逻辑梳理效果强,而且以图像化的方式呈现,对孩子来说,这样的记忆方式比整段文字记忆的效率更高。

生物和地理究竟是文科还是理科

高二下学期开学没多久,子轩突然跟妈妈说,他选科失误了。

子轩的地理成绩一向很好,中考时甚至拿到满分,所以高一期末选科时,他理所当然地选了地理。但没想到进入高二后,地理逐渐成为子轩的弱势学科。在和妈妈沟通之前,这个自律的孩子已经尽力补救,甚至一度把大量的自由复习时间都放到了地理上,但收效甚微。无奈之下,他痛苦地告诉妈妈,曾经在地理学科上游刃有余的那种感觉再也找不回来了。

孩子的话让妈妈陷入深度纠结之中。她有心建议子轩将地理换成其他学科,可又担心无论换成哪一科,都相当于已经"浪费"了时间。但如果不换,她又担心子轩现在地理成绩不理想,万一经过一年努力仍然赶不上来,会直接影响高考。

曾经的优势学科为什么会突然失去优势?其实要从科目属性的变化讲起。在中学的九门学科中,地理和生物有其特殊性。可以说,这两门学科在初中更像文科,但到了高中则更像理科,考查的是孩子不同的能力。子轩的地理成绩之所以出现大幅的波动,原因正在于此。

1. 初中像文科,高中像理科

在初中阶段,生物和地理只在初一和初二学习,每个科目共有四册教材。以地理(中图版)为例,共计不过十五章。在这么有限的篇幅内要囊括世界地理和中国地理的主要内容,还要介绍地理学科的基本概念,其内容必然是浅层次的,相当于小学一、二年级的语文、数学。教学目标也只是让孩子掌握一些学科通识概念,使孩子对这个学科产生兴趣,加深了解而已。在这个阶段,地理更像文科。如果孩子能理解基本概念，并能记住大量图形和相对应的文字内容，就能轻松地应对相关学习。

但是，大家都知道，高考属于选拔性考试，这就决定了高中教材在深度和难度上必将有所提高，学科本身的知识体系特点更加凸显。比如，地理这门学科，需要计算和推理，并且特别强调关联关系，如常见的材料题，往往是在给出一组地图信息之后，连续提出若干个维度的问题，既有人文地理，又有自然地理，还有经济发展等。这就要求孩子必须构建起一张知识大网，既需要总结归纳能力，又需要推理演绎能力。

可见，在高中阶段的地理学习中，逻辑能力发挥了至关重要的作用。前期体现于拥有编织知识点网络的能力，要做到能将庞杂的知识进行串联记忆；后期则重在拥有推理演绎能力，如既能通过降水量推演出经济发展的特点，又能通过经济基础推演出人口结构的变化情况。所以，高中阶段，如果孩子的逻辑能力偏弱，在地理学习上就会碰到困难，因为他很难将点状的知识串成线来进行综合的分析，如果碰到较强推理的题目，也很难全面地顾及多个维度。

生物学科的特点类似地理。初中两年的课本要从生物的起源讲起，从植物到动物，从低等生物到人体结构，对各部分内容只做基本概念的介绍，并不考查孩子的综合应用能力。可以说是所见即所得，所学即所考。孩子像背诵课文一样去记忆每一个知识点，考试时只要能够准确写出每一个信息点即可。但高中生物就是一门真正的前沿科学了，孩子要想真正掌握，就需要具备扎实的计算能力和深层逻辑思考能力。因为高中生物考查的是孩子对事物内在联系的理解，同时对计算能力也有较高的要求，这类似于数学对学习能力的要求，所以说高中生物的学习特点更像理科。

2. 当学科属性变化时的应对之策

讲到这里，也就不难理解，为什么我说地理和生物在初中高中两个阶段大有不同。所以，当孩子初中时这两门学科的成绩拔尖，到高中阶段却无法延续之前的优势时，父母不要吃惊也别着急，可以尝试以下方法：

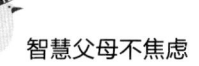

（1）回归优势学习通道

如果父母判断出孩子初中阶段在生物或地理学科上的优异表现主要源于刻苦学习，到高中后孩子依然努力，但仍然阻挡不了成绩下滑的趋势，就基本能证明孩子的逻辑学习能力可能偏弱。如果这时已经没有时间调整高考选科，就要坚定信念，内心不再游移，以免造成精神上的内耗。

这时候，最重要的是找到孩子在学习输入上的先天优势，找到让孩子回归优势的学习通道。比如，听觉能力强的孩子善于听讲，听老师讲比自己学效率更高，那就要花时间去寻找最好的老师。这样的老师通常讲解清晰，能够给出翔实的案例，对孩子来说能起到事半功倍的学习效果。

同理，如果孩子的视觉能力相对更强，则意味着他更善于自学，看比听效率高。对这类孩子，建议父母一定督促他学会熟练运用思维导图，因为他可以通过图像化记忆将知识刻在脑海中。而且，对他来说，亲手绘制思维导图的过程，就是串联自己记忆路径的过程。考试时无非是按图索骥，依次提取知识点而已。

但体觉能力强的孩子，仅靠听讲和看书是不够的。对他们来说，教具可以发挥更大的用处，教具越丰富全面，效果就越好。比如学习地理时，不要只买张地图贴在墙上，还可以配上钉子和便笺，让孩子在地图上进行标识，这个动手的过程会大大加深他的记忆，极大地提升孩子的学习效果。

（2）突击打山头

如果父母判断出孩子初中阶段在生物或地理学科上的优异表现主要源于先天逻辑思维上的优势，那么，即便孩子在高中阶段碰到困难，也往往是阶段性的，很有可能只是因为见的题型少，掌握得不够熟练，并不是学不会。

这个时候，最有效的方式是突击打山头，也就是在相对封闭的时间段内，比如两周，抓住一个知识难点彻底攻克。在这个固定时间段内，孩子可以集中向老师请教相关知识点的解题思路，加大专项训练量等。只要迈过了这个坎，孩子的整体成绩就能上一个台阶。需要注意的是，在这种攻坚战中，无须要求孩子通篇写卷子，只要将与某个知试点相关的部分拿出来进行专项练习即可。

孩子属于哪一种情况，需要父母细心观察，做到有的放矢。一旦父母确定孩子学科弱势的原因，辅之以上的教育策略，相信孩子的学习成绩在一段时间后就会扭转劣势、柳暗花明。

天赋 Tips

子轩的选科失误其实凸显了一个非常显著的现象，父母在帮助孩子选科时总是容易低头看脚下，却忽视了抬头看远方。当孩子进入一个新的学习阶段时，学科的变化是非常显著的。孩子不了解，父母不重视，就相当于蒙着眼睛踏上了一段未知的旅途，碰到问题踩到坑就不可避免了。前文的"初一现象"反映出的也是类似的问题。

因此，特别提醒父母，在立足于对当下学科扎实学习的基础上，一定要提前了解下一个学习阶段的重点和难点，做到心中有数，方能从容应对。

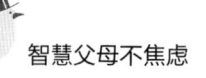

重度拖延症是"懒癌"吗

当刚上初一的斯琦连续三个晚上写作业超过十二点时,斯琦爸爸坐不住了。理智的他并没有马上发火,而是先向其他家长求证作业的完成时间。当得知斯琦的同学基本都能在十点前完成作业时,斯琦爸爸再也忍不住了。

于是斯琦见证了爸爸少有的决绝。一方面,斯琦爸爸果断地宣布了手机禁令,规定斯琦周一到周五不准碰手机;另一方面,他还制定了铁令:只要到十一点,不管作业还剩多少,都要求斯琦收拾作业洗漱睡觉。

结果斯琦爸爸的"新政"还没开始执行,斯琦也爆发了。这个十三岁的大男孩已经有一米七的个头,面对爸爸的要求也敢于据理力争。他理直气壮地把七门课的所有书籍和教辅材料一股脑儿堆到了爸爸面前,以证明作业确实多,自己根本就没有浪费时间。

父子俩僵持住了,斯琦妈妈向我求救,并且比较客观地向我反馈:斯琦进入初中后学科数量增多,学习压力确实增加了,但是儿子的拖延症也的确是个大问题。斯琦并不懒,动作也挺麻利,但不知道为什么,他就是做不好时间管理。斯琦妈妈想让我一方面劝劝斯琦爸爸,另一方面也教教孩子怎么做时间管理。

1. 神奇的空间统合能力

借着斯琦的案例,我要介绍一个神奇的脑区——大脑后额叶区右脑,这个脑区主管人的空间统合能力,也就是主管人对时间和空间的敏感程度及估算能力。这个脑区越发达的人,对时间越敏感,估算越精准,大脑中像有个天然的时钟,提醒着主人按时间、按计划做事。相反,这一脑区发展越弱的人,就越容易"无视"时间的存在。比如和朋友有约时,空间统合能力弱的人往往总是迟到的那个人，好不容易早到一次，也不是提前五到十分钟到，而是半个小时以上。

反映到学习上，空间统合能力偏弱的孩子，最突出的表现就是每天回到家后无法合理地规划做作业和复习的时间。首先，他们缺乏制定时间表的意识，总是想到哪里做到哪里，不知道要统筹安排合理规划时间；其次，就算制定了时间表也无效。因为他们对时间界限并不敏感，比如原计划三十分钟完成的作业，五十分钟还没有完成，他们也并不着急，总认为快一点儿还是慢一点儿都没什么大不了。这就会导致不少孩子刚开始不着急，到了晚上又做不完、干着急。日复一日，他们天天被同一个坎绊倒，还总是不长记性。

很多父母都对孩子的拖延症深恶痛绝，但大多数人会将其归结为懒和慢。直到了解了空间统合能力的概念，父母才明白，这有可能是孩子大脑区域发展失衡造成的，属于先天特点。

其实，有一些父母自身的空间统合能力也比较弱，本身就存在时间安排混乱或对时间估算不准的问题，他们常常自嘲身患"懒癌"，但多数会误以为是自己不够自律所导致。实际上，和许多爱拖延的孩子一样，这也是时间管理能力不足的表现。

孩子拖延只影响自己，而父母自身时间管理能力弱，则势必会忽略对孩子的时间管理训练。孩子小时候学习压力不大，即便稍晚一点儿，本身就对时间不太敏感的父母也不会感到太焦虑，可等到孩子上了中学以后，由于课业量翻倍增加，时间彻底不够用，再不敏感的父母也意识到问题的严重性了，焦虑也就随之而来。但大多数父母不了解问题背后深层的脑科学原因，容易仅就表面现象批评孩子，而无法给出实际有效的解决方案。

2. 每周可支配时间总量的计算训练

时间观念作为一个抽象概念，对青少年来说是很难理解的。父母想要有效地训练孩子，就需要将不同的时间长度与具象的行为相联系。在这里，我介绍给大家一个通用的解决方案，就是算出每周可支配的时间总量。

具体方法是"三步走"和"两注意"。

（1）三步走

第一步，在一张纸上画出周一至周日七个格子，将每天孩子放学回到家到晚上睡觉的时间计算出来。这样就能清晰地知道每天实际可利用的时间量；

第二步，将每日相对固定的时间刨除，如吃饭、运动、上兴趣班等，由此算出可用于学习的时间总量；

第三步，先明确一个阶段内的重要事情是什么，再用逆向倒推的方式，将最重要的事情固定好实施的时间，而不是"随遇而安"地进行安排。否则就会每天做紧急不重要的事情，那些重要不紧急的事情则被推迟。详见表2-1。

表2-1　日程规划表（示例）

日期	项目	时间	时长	责任人/陪伴人	备注
周一至周五	17:00放学回家				
	语文作业及补充练习	17:00–18:30	90分钟	独立完成	已确定语文为A类目标，则优先完成语文作业
	30分钟 晚餐/休息				
	数学作业及补充练习	19:00–20:00	60分钟	独立完成	使用番茄钟，培养刷卷节奏和考试策略
	英语Reading专项练习	20:00–20:30	30分钟		每日3篇，其中一篇跟读
	30分钟自由支配时间，建议保持稳定的跳绳或其他基础体适能运动				
	21:30后洗漱，10-15分钟，做一个场景和情绪转换				
	中文精读练习	21:15–21:45	30分钟	独立完成	如第一项作业时间段内已完成精读直接休息
	22:00前休息				
周六	建议早上8:00左右起床，保持稳定作息				
	拉丁舞蹈	17:00–20:00		机构	
	英语Reading专项练习	20:00–20:30	30分钟	独立完成	要求同周中，建议选择带QUIZ的分级阅读系统
	文言文专项练习	20:30–21:00	30分钟		不仅要背诵，务必做到默写全对
	孩子自由安排活动，时间不超过60分钟				
	22:00后洗漱/休息				
周日	建议早上8:00左右起床，保持稳定作息				
	家庭活动/同学活动	14:30–20:00	5小时		同学活动与家庭活动轮替举行
	英语Reading专项练习	20:00–20:30	30分钟	独立完成	要求同周中，建议选择带QUIZ的分级阅读系统
	作业最后查漏补缺	20:30–21:00	30分钟		准备好第二天的所有学具
	孩子自由安排活动，时间不超过60分钟				
	22:00后洗漱/休息				

特别说明：

1、孩子心愿：周日14:30—20:00为自由活动放松时间；

2、父母承诺：如当周学习任务完成，则确保该自由活动时间由孩子自主安排；

3、孩子每日的日程安排很多，也会有很多不确定性，但有关于A类目标的事项不能被占用时间，如果确实发生占用，则必须择日补上时间。

举例：周四晚上因为有亲戚朋友到访，因此一小时的数学训练未能完成，则务必在周五至周日中选择合适的时间，将周四缺少的一个小时数学训练补充足够时间，否则会因为训练强度不够、训练数量不足而无法保证最终成果。

（2）两注意

做完以上三个步骤，父母就可以为孩子制定一份初步的时间规划表。上面详细地记录周一到周五每天晚上做作业的时间，并具体分配到每一科。周六、周日的学习时间也相对固定地做好分配。但到这里，训练还没有结束，需要注意以下两点。

第一，先执行，不批评。父母督促孩子按这个日程表持续执行两周，每日复盘实际完成情况。在此过程中，父母不要评价，因为不准确是常态，校准需要时间。经过校准后，再升级成更详细周密的时间安排表。这次执行周期可以长一些，比如一个月或者一个学期，但仍然要持续记录，慢慢才能做出一份真正符合孩子能力的时间规划终版。

第二，父母须以身作则。那些自身时间管理能力较弱的父母，在陪伴孩子制定时间计划表时，有可能会因为估算不准，而造成日常安排过于紧凑，甚至根本无法执行。这会极大地伤害孩子的积极性。所以，特别建议这类父母也给自己制定一份时间计划表，与孩子互相监督，共同执行。一方面，可以让孩子看到自己的榜样作用；另一方面，自己也可以切身体会孩子在执行过程中碰到的困难产生的心理变化，而不是想当然地对孩子提出过高的要求。

和孩子一起进步，做时间管理的强者吧！

天赋 Tips

关于孩子的时间管理能力，是所有父母都特别重视的，而时间管理能力的训练过程，又恰恰反映出我的核心规划思路：一切规划都是算出来的。具体的动作、具体的频次、具体的时长，唯有算出来，才能做到位。而绝大多数的父母都是感受优先，觉得孩子很磨蹭，觉得孩子在浪费时间，觉得孩子态度不积极。往往在通过计算后，父母才发现，重度拖延症的背后是因为选项过多，时间过长，强度太大，孩子根本做不到，也不愿意做。

所以，要想解决拖延症，父母一定要先学会做计算。

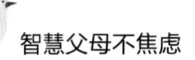

孩子偏科的解决方法

众所周知，初二是整个中学阶段科目最多的一年，八门功课一起学，很多孩子会为此感到不堪重负。

宇辰即是其一。宇辰父母都是文字工作者，保持着每天都看书的习惯。在父母的带动下，宇辰从小博览群书，语文成绩一向名列前茅，但数学成绩不太突出。升入初二后，凭借强大的阅读理解能力，宇辰语文学科依然发挥稳定，而且道德与法治、历史的成绩也相当不错。但转折发生在数学上，新学期伊始，宇辰就在"因式分解"上栽了个大跟头，此后成绩每况愈下。雪上加霜的是，宇辰还特别不喜欢新换的数学老师，总跟爸爸妈妈念叨新老师的种种表现有多令人讨厌。

看到这种趋势，爸爸妈妈都非常着急，毕竟数学是主科，无论是在中考还是未来的高考中占比都是很重的。而且，数学被称为科学的基础，一旦数学变差，必将影响其他理科科目。实际上，受数学的牵连，从初二第二学期开始，宇辰的物理成绩已经开始下降。初三还要增加化学，要是宇辰从一开始就不喜欢，可怎么办呢？

1. 两大因素影响偏科

宇辰这种情况其实并不少见，在中学生中，偏科是一种很常见的现象。这主要与两大因素有关。

第一个因素是孩子的先天学习潜能优势。具体来说，大脑枕叶区发达，也就是视觉能力强的孩子，从小就体现出识字快、爱看书的特点。如果同时家庭氛围好，能保证足够的阅读量，他们的语文成绩通常都不会差。在阅读能力的带动下，这类孩子还会将兴趣面扩展到文科大类，提升整体文科实力。而大脑颞叶区发达，也就是听觉能力强的孩子，则非常容易在英语上取得突破。那些在小学时就能通过较高的英语水平考试，或者能够流利地用英语进行交流的孩子，往往是听觉能力强的孩子；同理，大脑后额叶区发达，即逻辑思维能力强的孩子，会明显表现出对数学的偏爱。这类孩子爱玩乐高，喜欢数学题，对科学小实验往往表现出较高的兴趣，一般来说理科成绩都较为突出。

当然，小学阶段，孩子的整体学习内容相对简单，即便有劣势，也一般不会太明显。但到了中学阶段，学习压力骤增，劣势会呈现得更加突出，而且常常会出现多个相关学科一损俱损的情况。比如语文学得不好，道德与法治、历史学习能力也会不足；小学数学学习能力弱，导致对物理、化学等学科也都不喜欢。而孩子一旦在学科上出现倾斜性喜好，后续会逐渐演变为各科分数差距越来越大，这就是很多孩子在中学阶段文理偏科的主要原因。

第二个因素是老师。青春期的孩子本身就容易逆反，对喜欢和不喜欢界限分明，情绪表现较为激烈。这个阶段的孩子，即便具备某一科目上的学习潜能优势，但如果遇到的老师并非他喜欢的类型，或者老师在言语和行为上对他造成过伤害，也会极大地打击他的学习积极性。有些孩子甚至会赌气，抗拒这一学科，造成学习能力不足的假象。与之相反的是，有的老师因教学风格有趣或个人特质吸引人，深受大多数同学爱戴。这时，青春期孩子随大流的特点，也会在学习上呈现出来。比如有个小姑娘就曾跟我说过："英语考试我肯定得考好，得给我们英语老师点儿面子呀，我们都最喜欢她了！"你看，对老师的喜好也决定了孩子在科目上的努力程度。

2. 偏科孩子的"两步走"

探究完孩子偏科的原因，当父母再发现孩子学习偏科时，就可以对症下药了，总的来说，父母要学会分"两步走"。

第一步，判断孩子出现偏科是否只是受老师和环境的影响所致

父母无法调整任课老师，如果发现孩子偏科主要是因为不喜欢老师，要将重点放在引导孩子上，通过和孩子沟通、探讨，让他了解更多与人相处的方法。同时，我也建议父母积极寻找机会，单独和老师沟通，以便老师从自己的角度做适当调整，改善师生关系。要知道，每个人都有自己的个性，任课老师通常需要同时面对上百名学生，很难面面俱到，所以父母要从中做好"润滑剂"。不过，在和老师沟通时，表达要简单具体，最好能提出让老师采纳，并直接付诸行动的意见。比如自己家孩子听觉能力强，就请老师刻意地多表扬他一两次；如果孩子视觉能力强，父母可以准备文具由老师送给孩子，作为鼓励的奖品。

如果发现孩子偏科主要是受朋友的影响，父母则需要调整孩子的认知，但注意不要直接否定他的朋友。青春期的孩子重视朋友的意见胜过父母，他们会认为和朋友保持一致才是合群或有担当的表现，本质上他们是在寻找一种群体归属感。这种并非基于理性分析的附和是没有根基的，既容易形成也容易被扭转。父母让孩子了解到学科的重要性，提高他的认知，孩子才有可能避免盲目从众，不会跟随朋友对学科的喜恶而造成偏科的现象。

第二步，找到孩子在偏科学科上的优势学习潜能

人无完人，孩子难免有劣势，但同时也一定有自己的优势，需要父母耐心寻找。比如孩子的听觉能力较弱，导致英语口语和听力成绩差，但孩子的逻辑思维能力强，这时就可以从语法入手来学习英语；如果孩子视觉能力强，则可以从阅读和写作来突破。

找到孩子的优势学习潜能后，父母要督促孩子加强刻意训练。我们知道，大脑学习知识靠的是神经元的链接，训练越频繁，神经元的链接就越稳固。当神经元的链接足够坚实，孩子碰到相关问题时，就能快速地做出正确选择，这就是熟能生巧的道理。当然，这个过程并非一蹴而就，往往需要花费大量的时间且长期坚持才能有所成效。父母对此要有足够的耐心，切不可急于求成。

天赋 Tips

在此还要特别提醒各位父母：语、数、英三门主科的成绩确实会受到小学基础能力的影响，所以需要父母注重每个阶段的学习；而其他六科在初中均属于起步阶段，所授知识虽然广泛但依然属于基础内容，需要给孩子增加信心。

父母要让孩子相信，通过认真学习和足量练习，学习能力就会得到提升，并取得相应的好成绩，避免孩子形成固定思维，认为自己某科学习能力不足，造成畏难、退缩甚至放弃的错误想法。

当孩子面对重大考试

高三第一次模拟考试成绩出炉后，不出所料，小惠和妈妈又爆发了一场例行大战。主题依旧是"为什么小惠一到关键时刻就掉链子"。

小惠绝对是一名优秀的学生，平时学习非常刻苦，也善于找到有效的学习方法，既会学又爱学。平时她小考成绩稳定，作业更不用父母督促。但不知为什么，每逢大考，小惠必定遗憾折戟，从小升初冲击重点初中到中考争取重点高中，每次定的目标都不能如愿达成。妈妈恨铁不成钢地总结：对小惠来说，小升初考试是小学成绩的谷底，中考是中学成绩的谷底。现在高考在即，妈妈真怕旧事重演。

为了不重蹈覆辙，母女俩也反复讨论过。妈妈认为，有付出必有收获，小惠成绩之所以不够稳定，肯定还是复习得不够细致，有知识遗漏点。但小惠坚持认为，自己每次复习都竭尽全力，关键是运气太差。

听到小惠妈妈介绍的情况，我立刻意识到，这又是一例因为肌肉耐力不足引起的习惯性大考发挥失常现象。

1. 隐秘的体觉记忆力

众所周知，孩子的考试成绩主要取决于两个因素，一是平时的知识积累，二是临场发挥能力。小惠母女俩的分歧在于，小惠妈妈认为前者是关键，小惠则认为后者才是导致她成绩不好的决定因素。但小惠将临场发挥归结为"运气"，殊不知，其背后隐含着一个重要要素，即体觉记忆力效应。

人的记忆力分为三种模式：视觉记忆力、听觉记忆力和体觉记忆力。顾名思义，就是分别通过看的方式、听的方式和亲手操作的方式进行记忆。每个孩子的学习都是对三种模式的综合运用，但略有不同的是，平时的学习和练习，包括上课听讲和下课看书，主要训练的是听觉记忆力和视觉记忆力，而考试则重点考验体觉记忆力。

孩子平时小考，时间通常相对宽裕，重要程度也不高，孩子不会太紧张。这时他能够比较均衡地调用三种记忆力模式，通过回忆上课听到、复习看到的内容，将之诉诸笔端，三种记忆力模式的信息差异不会很大。因此，在小考中，大多数孩子的发挥是比较稳定的。

但到了大考，各方面的紧迫感都大大增强，要求孩子将所有的能力都发挥到极致。这时候，体觉记忆力相对弱的孩子就可能会发挥不稳，他们尽管内心明白，却无法通过书写的形式快速、准确、全面地展示自己的知识积累。比如，有的孩子会突然大脑一片空白，有的则反应迟钝，缺乏解题思路，还有的孩子会不自觉地走神，导致出错。这就很好地解释了为什么有的孩子是竞赛型选手，比赛越激烈成绩越好；而有的孩子则像小惠一样，面对压力时往往全线溃败。

当然，很多人习惯将大考大赛发挥失常归为心理素质的原因，这一因素虽确实不能排除，但主导因素依然在于体觉记忆力。所以，小惠一到大考就"掉链子"，既不是如她认为的运气问题，也不是妈妈认为的知识不扎实，而是应战能力不足导致。

2. 辨别、提升体觉记忆力

既然孩子大考时能否发挥稳定的关键在于体觉记忆力，那么功夫当然就要下在辨别并提升孩子的体觉记忆力上。

（1）判断孩子的体觉记忆力强弱

我们可以用一个小游戏来判断孩子的体觉记忆力是否强大，具体做法是：选三个孩子不认识且拼写复杂的英文长单词，让孩子分别用三种方式进行记忆。第一个单词让孩子通过默读的方式记，用眼睛看几秒钟后，默写出来；第二个单词让孩子通过朗读的方式记，先整体读，再把每个字母拆开读，然后默写出来；第三个单词让孩子手抄五遍，然后马上默写。这三种方式分别对应着前文提到的视觉记忆力、听觉记忆力和体觉记忆力。如果孩子抄写了十遍，默写时仍然出错，通常说明孩子的体觉记忆能力偏弱。如同小惠，明明已经做到上课时认真记笔记，复习时大量做题，但这种操作并没有让她形成深刻稳固的记忆，等到上了考场一紧张，手底就会出错，导致平时的努力付诸东流。

（2）如果孩子的体觉记忆力相对弱，从每天跳绳十分钟开始训练

跳绳能有效锻炼孩子的手、脑、足匹配能力，如今全国中小学都特别强调跳绳训练。父母如果亲身体验过就能体会到，你在连续跳绳的过程中，哪怕内心想放弃，或者大脑已经发出信号告知身体很累需要放弃，实际上也能再坚持一会儿，而且手和脚的动作并不因此走样。所以，孩子通过长期的跳绳训练能形成稳定发挥的能力，当他将这一能力平移到考场上时，即使内心感到慌乱，也依然可以确保手下动作有准头，减少偶发差错率。不过需要注意的是，跳绳时一定要双脚离地，保持不断地连续跳跃，才能达到训练目的。

（3）顺强补弱，以优势带动劣势，提高考试稳定度

有的父母发现孩子的体觉记忆力偏弱，而且跳绳训练进展缓慢，这时也无须着急，因为孩子拥有的三项记忆能力里总会有相对的强项，我们可以顺强补弱，以优势带动劣势，通过"借力使力"来训练。比如孩子听觉记忆力较强，那就督促他在练习书写之后进行朗读，通过声音校准书写内容；如果孩子视觉记忆力较好，则必须强制他养成检查的习惯，让他每次书写完毕都用最快的速度再复看一遍，及时发现错误，及时改正。

天赋 Tips

对体觉记忆力偏弱的孩子，父母还要特别注意，越是大考，越要减轻孩子的心理压力。因为这类孩子通常大脑顶叶区不够发达，抗压能力弱，格外容易紧张和焦虑，这会进一步增加孩子在考场上的不稳定性因素。这个道理相信很多父母都听过，关键在于为了孩子能忍住唠叨，藏好自己的焦虑。

体觉记忆力偏弱的孩子情绪比较容易波动，当得到正向鼓励时，也很容易被激发起斗志来。所以，父母还可以对这一点善加利用，在大考前多给孩子加油鼓劲儿，让他充满信心地走进考场。

先有身体第一，才能有学习第一

从初三到高一，短短两年时间，子赫像变了个人。初三时的他阳光自信，青春洋溢。那时他和妈妈一起来找我，探讨的是大学想就读的专业，以及未来的发展方向，言语间展现出清晰的逻辑思维能力，颇有一种势在必得的气势。

但两年后我们又见面时，我吃惊地发现，子赫个子长高了不少，可风采全无，提到学业也只是寥寥数语。妈妈忧心忡忡地说，孩子现在每天除了完成基本的学业，就是宅在家里打游戏。

看到这种情况，我问的第一个问题是："子赫还坚持打网球吗？"我知道子赫从小就练习网球，曾经打出全市前六名的好成绩，妈妈还曾跟我探讨过是否可以走体育特长生的路子，但孩子现在的状态明显是缺乏锻炼的表现。果然，妈妈说这是她最懊悔的一件事。从初三下学期开始，为了保证学习，她停掉了子赫所有的课外班，包括最爱的网球。虽然孩子多次争取不要停掉网球课，但她非常坚定，要求子赫考完试再考虑。从那以后，孩子就再也没有规律地练习过网球了。

1. 运动与"三力"

听上去有点儿匪夷所思，运动怎么会对一个孩子产生这么大的影响？毕竟在很多父母看来，运动尽管重要，但充其量只是一种有益的补充，在考学面前，运动必须让道。

可我要告诉你，运动不仅有关身体健康，也会对专注力、自驱力和意志力带来深刻影响。

（1）专注力

专注力不足是影响孩子学习成绩的首要原因。孩子出现考试失误，很多人以为是因为马虎，但实际上往往是专注力不足导致的。在学习输入阶段，如果孩子无法做到持续专注，对知识的吸收就会断章取义，积累也会呈碎片式。而运动正是矫正专注力缺失最简单高效的方法。

让我们回想一下运动训练的过程。无论是田径还是球类，孩子在运动时，大脑都要时刻回忆动作要领，让全身肢体协调运作。简单如跳绳，复杂如跳水，都需要精神高度集中才能够做到。所以运动能够确保大脑在一个时间段内始终保持专注。

（2）自驱力

相信这是所有父母都梦想孩子能够拥有的能力。但自驱力的形成有两个基本条件，第一是孩子曾经尝到过胜利的滋味，因此想取得更大的胜利。第二是孩子有身体条件，有心也有力。而很多孩子的问题是，由于身体力量不足，面对较高的目标时，会自认为心有余而力不足。即便有的孩子身体状态是健康的，但因为缺乏锻炼，没有形成战斗力，内心没有更进一步的渴望，因此会更容易安于现状。

最容易让孩子形成这两个基本条件的是运动。人的肌肉记忆经过训练就能形成，同样是补差提优，八百米跑想提高十秒比数学成绩提高十分要更容易实现。通过运动，能让孩子有机会亲眼看到，努力可以转化为成果，这既能切实地提升身体条件，又能增强内在力量。

（3）意志力

这是一种宝贵的力量，需经历练方能获得。但如今大多数孩子在生活中缺乏锻炼意志力的机会。因此，体育场就变成了最好的训练场。孩子在面对体育项目时，必须克服身体疲劳、克服对抗的畏惧以及失败的痛苦，意志力正萌生于这一过程之中。如果孩子还能适当地参加竞技类比赛，更有助于激发其好胜心和目标感。比赛赢了，孩子会强化自信心，即便输了，也会让孩子学会正视困难和失败，不会一遇到失败就丢盔弃甲、溃不成军。

很多父母都担心运动会挤占学习的时间，实际上正相反，运动不但对身体大有裨益，还能提升血液循环水平，强化心肺功能，给孩子的脑力提供动力支撑。几年前，我认识了一位女孩，她是以体操特长进入北京知名中学就读的。整个初中三年，她几乎每天都要参加体操训练。为了把运动的时间补回来，只能学习到深夜，但这一点儿都没影响她的精气神儿，无论父母还是同学老师，都从没听到她喊苦喊累过，最让人惊讶的是，每次大考她都牢牢占据着年级前三的位置，真是让人赞赏！

2. 从零开始，运动三阶段

当父母发现孩子在专注力、自驱力、意志力上亟待提升时，与其头疼医头脚疼医脚，不如先督促孩子进行适当运动。

（1）初阶，从最基础的运动开始

为避免引发孩子的畏难情绪，确保孩子顺利养成运动习惯，建议父母引导孩子从最基础的运动开始。可以依据孩子的接受度，从跳绳、跑步、平板支撑中任选其一，每组时间从3分钟到30分钟都可以。比如，选择平板支撑，可以从每组30秒开始，每天练习6组。或者跳绳每组连跳达到100个以上，每天3组。重点不在于难度，而在于持之以恒。

（2）中阶，增加难度

当孩子有了初级运动能力后，可以适当增加难度。此时球类、游泳、登山等都是非常好的选择。因为这几类运动都需要综合能力，特别是登山，登顶本身就是树立目标并达成目标的过程，非常有助于孩子形成自驱力。

（3）高阶，身、心、灵合一

高阶运动以瑜伽为代表，要求身、心、灵合一，自己与自己对话。不要求把动作本身做到最难，但却要求每个动作都尽心尽力。尤其青春期的孩子相对浮躁，通过冥想来进行调节也有一定的助益。

天赋 Tips

还需要格外提醒父母的是，玩耍不等于运动！很多父母都会刻意为孩子安排户外玩耍时间，认为孩子在玩耍中既放松了心情，也兼顾了运动。

其实不然。玩耍和运动的最大区别在于，运动是以达成目标为前提的，而玩耍是以快乐为前提的。孩子在达成目标的时候，一定要克服内心偷懒、身体犯懒的难题，而他每一次成功达到目标都是巨大的正面反馈。相反，玩耍则对孩子没有任何约束，虽然放松了身心，但对于形成孩子的专注力、自驱力和意志力并无帮助。

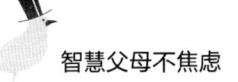

附2：学习潜能自查简表

如果您的孩子在学习上呈现出以下特征，证明孩子在相关方面具有较强的天赋潜能。

自制能力/自省能力	可以优先完成学业；愿意听从老师的话；对于学校规则非常重视并会主动遵守
趋避特性/乐观自在	争强好胜，目标感强；在课堂上喜欢积极表现自己；容易定出较高的目标，忽视达成目标的难度
逻辑思维/语言模仿	写作文条理清晰；英语口语能力强；在理科学习上更愿意挑战难题
想象创新/空间统合	有很强的时间观念；解析几何的学习能力强；常常能在学习上找到创新的方法
肌肉耐力/肢体操控	学习抗压性强；越是大考越容易超水平发挥；在体育项目上通常表现较好
体知觉力/肢体语言	容易被榜样激励；善于通过书写加深记忆；协调平衡力好，在技巧性体育项目上有优势
语言听力/听觉记忆	上课听讲效率高；英语听力成绩突出；相对于看书，更喜欢听书
辨音听力/关联记忆	英语发音标准；举一反三能力强；长期记忆能力强
视觉辨识/图像记忆	字迹清晰、卷面整洁；平面几何学习能力强；在实验课上观察细致
美感体认/快速阅读	特别喜欢看书；阅读速度极快；相对于听讲，更擅长自学

三、亲子篇：
智慧父母如何"慧"沟通

天赋教育主张的亲子沟通步骤和方法如下：

步骤一：调整思路，重塑亲子沟通的心态。

一个人的语言表达能力由大脑后额叶区左脑决定，表达的基础则来自视觉、听觉和体觉感受的长期积累，而孩子与父母的成长体验存在鸿沟般的差异。父母尚可通过换位思考，回忆起自己年少的模样，进而理解孩子的感受。但对孩子来说，跨越到二十年之后去体验父母的生活、职场等则毫无可能。所以在亲子沟通中，主要是父母要主动转变心态、改变方式，与孩子同频，而不可能强求孩子理解中年的父母。

步骤二：调整策略，改换亲子沟通的重点。

沟通一定是先有输入再有输出，父母需要从"听"出发，调整孩子"听"的内容，改善孩子"听"的感受，优化孩子"听"的场景，才能让接下来的"说"变得有内容、有质量。此外，大脑发展阶段决定了青春期的孩子在交流中仍然会以感悟为主，欠缺理性的分析，由此导致亲子沟通中的错位。所以父母要切记：我们用三年学会了说话，但需要用更长的时间学会不说话。

当孩子不再愿意和父母分享"秘密"

霖霖和霏霏是一对双胞胎姐妹,从小就很乖巧。霖霖是姐姐,相对更有主见,霏霏则更愿意追随姐姐。妈妈的朋友开玩笑说,别看出生只差十几分钟,霖霖就像个小家长,时常帮妈妈带霏霏。妈妈也觉得两个女儿很是贴心,带起来特别舒心。

但情况在两个孩子进入青春期后发生了逆转。霏霏仍然是那个贴心的小棉袄,什么话都愿意跟妈妈讲,但很明显,霖霖开始有自己的小秘密了。她虽然不叛逆,依然姐姐范十足,但回家后明显变得寡言少语,已经很久没有像小时候那样挤在妈妈身边,娘儿亲昵地聊天了。

有一次,学校开家长会,老师安排每个同学给自己的父母留一张小纸条,写上最想跟父母说的话。当妈妈充满期待地展开纸条时,竟然看到霖霖写的是:"妈妈,以后我的事情如果想说,会主动告诉你;如果不想说,你就别追着问了!"瞬间,茫然、委屈、气愤等多重滋味涌上妈妈的心头,她自认为一直非常尊重孩子,也并没有特别"刺探"孩子的情况,平时主动创造和孩子交流的机会,只是为了增加和孩子的亲密感,怎么就引起霖霖这样的反应呢?

1. 行为模式的四大类型

孩子在进入青春期后自我意识就会觉醒,会更加希望自己作为独立的个体被大人所认可,甚至产生"矫枉过正"的表现,将父母善意的探寻和友好的沟通都误解为想要打探他的"秘密"。这种心态有其合理性,也相当普遍。

青春期的孩子的内心像一个放大器,父母的一点点儿风吹草动在孩子眼里都可能是"大风大浪",孩子就像受惊吓的兔子,他们的性格特点也会加倍呈现出

来。面对父母"过分"的关心，他们有的选择默默接受，有的选择奋起抗争，这与他们的行为模式有着密切的关联。

人的行为模式分为两大类。一大类比较有主见，细分为认知型和逆思型；另一大类比较随和，细分为模仿型和开放型。不同的行为模式决定了一个人在面对社会、他人以及做决策时的差异。行为模式四大类型示意图如图3-1所示。

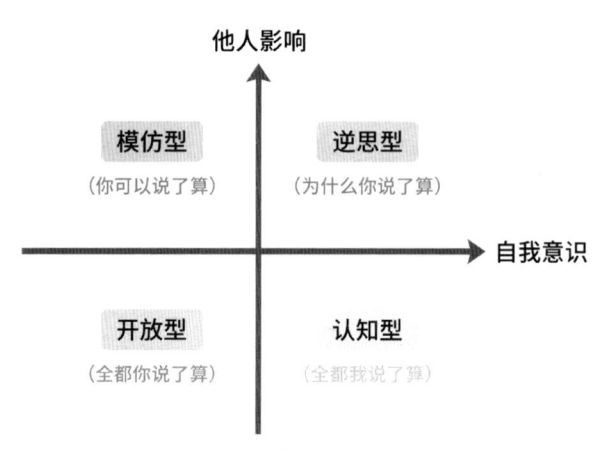

```
              他人影响
                ↑
    模仿型      |    逆思型
  (你可以说了算) | (为什么你说了算)
                |
  ──────────────┼──────────────→ 自我意识
                |
    开放型      |    认知型
  (全都你说了算) | (全都我说了算)
                |
```

图3-1　行为模式四大类型示意图

具体来说，认知型孩子非常有主见，凡事喜欢自己说了算。他们会根据自己的情况设定目标，自我激励。相应地，他们讨厌被别人的意见所左右，在自己确信的事情上会比较固执，抗拒被说服，也难以被说服。有的时候，认知型孩子会产生人际关系危机。在青春期，他们的人际矛盾则主要体现在亲子关系之间。许多父母会延续孩子小时候的模式来照顾和教育孩子，但慢慢长大的孩子对此越来越难接受。在这一时期，认知型孩子的固执特点会表现得格外突出，及至到达顶峰，甚至显得对父母"不近人情"。从行为表现上分析，霖霖就属于典型的认知型孩子。

逆思型孩子则在认知的基础上，增加了叛逆的特点。他们喜欢逆向思考，有时甚至会为了反对而反对，让父母头疼不已。但是，他们说"不"未必是真的拒绝，只是他们不愿意附和他人，想要突出自己的独特性而已。

与认知型孩子和逆思型孩子相比，模仿型孩子则呈现出完全不同的人际关系特点。他们非常包容，乐于接纳他人不同的意见，愿意聆听别人的建议，所以通常人缘更好。比如霏霏，既和姐姐关系好，也很受妈妈喜爱。他们并非委曲求全，而是从心里就认为每个人都有自己的想法。不过这类孩子的缺点是缺乏主见，受环境和朋友的影响会比较大。由于没有坚定的信念，所以他们也很难主动追寻更高的目标，尤为需要外力的激发和推动。

模仿型孩子具有包容的特点，开放型的孩子则更甚，常给人以"海纳百川"之感。他们在人际关系上如同海绵一般，可以吸纳他人的特点。但同时他们又心思单纯善良，追求务实。他们不喜欢空洞的理论，更喜欢落实于行动，所以他们总是家人或朋友的好助手。

2. 进退皆需有度

在亲子关系中，孩子不成熟的行为常常让父母感到委屈，但作为成年人，父母依然是改善关系的主动方。了解了孩子的行为模型后，父母要因势利导，采取让孩子容易接受的沟通方式进行沟通。

（1）如果孩子是认知型或逆思型

认知型孩子或逆思型孩子通常会在青春期对父母表现出比较明显的距离感。但这未必代表他对父母反感，而仅仅是为了彰显自己的"主权"。这类孩子喜欢自己做决策，不希望在思考中受到干扰，此时父母的询问和沟通可能会被他误解为对自己"主权"的侵犯。

对这类孩子，父母要学会尊重这种距离感，要理解，君子之交是他们在青春期时更容易接纳的沟通方式。凡是孩子不愿意主动说的，父母需要做到不追问、不打探。

从主动改善的角度来看，对这两类孩子，父母在亲子沟通中可以采用一个小窍门，就是把"你字句"变成"我字句"。因为"你字句"容易让这类孩子感受到被指责、被侵犯，从而进入防备或反击状态，而"我字句"则能让孩子感受到父母沟通的诚意，让孩子感觉是自己在占据着沟通中的主动权。比如父母将"你到底要让我怎么做"改为"我这样做是不是合适"，再如将"你听我说"改为"我有一个建议"，给人的感觉就大为不同。

（2）如果孩子是模仿型或开放型

模仿型孩子或开放型孩子相对好沟通一点儿，易于接纳父母提出的建议，也相对愿意和父母分享秘密。但我要特别提醒的是，父母千万别沾沾自喜，而且一定不要评判孩子的秘密，要帮他保守秘密，不在任何场合对任何人主动或无意暴露孩子的秘密。一旦父母做的不好，孩子便会视其为背叛友谊，而这种信任一旦被破坏，在很长时间内都是难以重建的。

当然，这类孩子也会在突然之间拥有自己的秘密。这有可能并不是他主动为之，而是他在模仿和学习同龄伙伴。这时父母千万不要大惊小怪，更不要过于紧张。可以从与朋友相处的角度切入，和孩子多聊聊。父母要通过多和孩子交流，和孩子建立起信任关系，引导他正视他人，模仿他人的优点。

天赋 Tips

通常，愿意和父母分享秘密意味着孩子对父母信任，但是在青春期，它则是孩子认知模型的检验器。因为青春期是孩子个性发展的起点，也是个性展露最充分的阶段，孩子尚未熟练地掌握各种人际交往或语言表达的方法，因此才使其性格特征的彰显更加原始、纯真。

所以父母切不可用老眼光看孩子，青春期之前孩子的表现并不一定是真的他自己，现在是时候认识孩子本来的真我了。当父母尝试着以朋友的身份和视角重新走近孩子，让孩子以朋友的身份再一次接纳你，分享秘密也就不再是难题。

当孩子开始喜欢和父母"辩论"

天航妈妈最近向朋友倾诉,自己已经被儿子逼得知识储备不足了。原来,十五岁的天航进入了痴迷辩论期。

天航从小就善于表达,上幼儿园时,每天回家都能绘声绘色地把一整天发生的事情描述一遍。到了小学,更是常常在家模仿老师给家人上课。现在就更不得了了,不知从哪天起,天航喜欢上了辩论,上到社会新闻,下到家庭琐事,遇事皆辩,且论点清晰,论据充分,每次都说得头头是道。但辩论结束后,妈妈仔细一回想,发觉他不过是在逻辑自洽地诡辩罢了。

其实,妈妈和天航的关系一直很亲密,对这种辩论,妈妈并不反感,只是觉得浪费时间,因为很多小事儿根本无须辩论,但天航就跟条件反射一样,非要争论几句。最开始妈妈还和他争论到底,但时间长了,为了省事儿,基本三句话就结束"战斗",能不说就不说。如今,遇到重要的事情必须和天航商量时,妈妈得被迫提前进行充分的准备,以应对儿子的辩论赛,争取快速有效地达成共识。

1. 让人晕头转向的正负辩论选手

天航妈妈并不知道,自己碰到的至少是正向辩论选手,能正面围绕核心观点进行论述。还有一类孩子,可称为负向辩论选手,说话永远以"不"开头。对父母的观点、建议,他们的第一反应是反对,甚至有的时候是为了反对而反对。

这看上去让人无法理解,但其实无论是正向辩论选手还是负向辩论选手,都不是刻意要和父母较劲儿。

说到辩论,要先看人的语言表达能力是如何形成的。任何人的语言表达能力的形成都是一个从输入到输出的过程。这是由大脑的两个不同区域决定的。语言的输入由大脑颞叶区左脑掌控,也被称为语言智能。这个区域越发达的孩子,对语言的敏感度越高,对语言的记忆能力越强。孩子在青春期之前,主要发展输入能力,耳朵就像雷达一样,积极捕捉每一句听到的话,积累每一个新鲜的词汇。

语言的输出则是由大脑后额叶区左脑决定的,也被称为逻辑智能。逻辑智能决定孩子的逻辑思维能力,同时也决定孩子的语言模仿能力。如果孩子的这项能力强,就会愿意表达,且能言善辩、思维缜密。他们在沟通对话中还会主动抢话,希望能说服别人,以在言语交锋中占据上风。

孩子到了青春期,因为大脑后额叶区的迅速发展,过去十多年储备的词汇和句型会像开了闸的水库般喷涌而出,这构成了其辩论的核心语料素材。而因为过去孩子的生活场景主要在家里,对话对象往往是父母。正如达娜·萨斯金德(Dana Suskind)等在共著的《父母的语言》一书中提到的那样,"据研究,儿童每天使用词汇的86%~98%都与父母一致"。所以,到青春期之后,孩子其实是将父母所说的话又还了回来,因此父母听起来会感觉似曾相识,甚至发现孩子的话就是自己平时说话的翻版。

负向辩论选手的语言表达,基本原理与正向辩论选手相同,但最大的差异来自思维方式的不同。这类孩子又被称为逆思型孩子,逆向思维决定了说"不"是他们的本能反应,对任何事情他们都倾向于从反向倒推。面对相同的问题,他们总能看到常人忽略的一面,思考的切入点也往往独树一帜。因为这类孩子在人群中属于少数,鲜少有人了解他们的特点,所以很容易被误解。比如父母发现孩子总从反向进行考虑,会认为孩子不讲理,甚至是无理取闹。看到孩子在听别人说话的时候,理解的点与众不同,会认为孩子倾听不认真、态度不端正。而总被冤枉的孩子则会认为父母并不理解自己。总之,双方就像鸡同鸭讲,难以沟通。

2. 辩论是青春期孩子训练逻辑思维能力和语言表达能力的独特方式

那么,孩子进入青春期后一定会成为"辩论选手"吗?父母被拖入"辩论赛"时该如何反应?以下是我的三个建议。

(1)未雨绸缪

从孩子小时候开始,父母和孩子说话就要注意。孩子在青春期之前处于语言

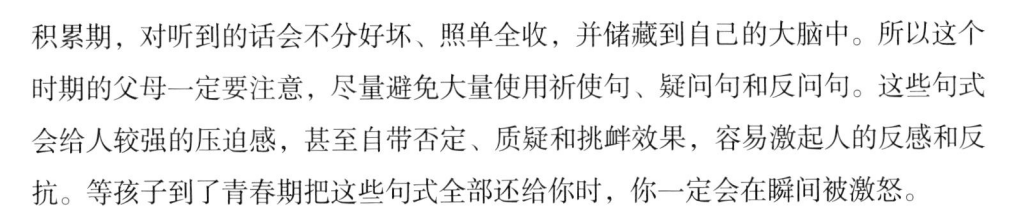

积累期，对听到的话会不分好坏、照单全收，并储藏到自己的大脑中。所以这个时期的父母一定要注意，尽量避免大量使用祈使句、疑问句和反问句。这些句式会给人较强的压迫感，甚至自带否定、质疑和挑衅效果，容易激起人的反感和反抗。等孩子到了青春期把这些句式全部还给你时，你一定会在瞬间被激怒。

（2）笑纳辩论

很多父母会有亲身感受，当与人争辩时，恰恰是最考验一个人的逻辑思维能力和语言表达能力的时候。本质上，辩论是青春期的孩子训练自己逻辑思维能力和语言表达能力的独特方式。争辩、辩论、质疑、对抗的过程，也是孩子思维发展的过程。当孩子开始进入"辩论选手"状态时，他的思维便不再停留在感性、直观的状态，而是开始向复杂、思辨的方向发展。

所以，这一时期，父母要甘于做倾听者，而不是针锋相对、据理力争，尽量不要把孩子的辩论演习变成亲子之间的辩论战争。尤其对逆思型孩子来说，他们反对父母只是为了彰显自己。从另一个角度看，这正是孩子成长的标志，父母对此不必过于较真。

当然，家有青春期的孩子，摩擦是不可避免的。父母要谨记，一旦发生争论，千万别为了维护自己的权威而与孩子一决高下，非要"战胜"孩子。当然，我也不建议父母彻底"投降"。既然是争论，就是平等的对话，父母可以充分表达自己的意见，双方互有输赢。这样自然的氛围，更有利于孩子的成长。

（3）善于复盘

只要父母明白，青春期的辩论赛是在为孩子未来成熟的语言表达做训练，父母就能从选手变成教练，将自己的逻辑思维与语言表达智慧通过复盘教给孩子。在复盘时，父母要善于捕捉孩子精妙的论据和恰当的举例，甚至可以对此加以记录和整理。同时，对孩子的一些逻辑思维漏洞，或者并不准确的论据，父母可以提出来并和孩子一起分析讨论，这是帮助孩子构建更完善的逻辑思考的一个过程。孩子在这个阶段训练得越好，未来就越不容易和他人发生争执，反而更有利于增长其为人处世的智慧。

相反，如果在青春期时，孩子没有足够的机会进行争论和争辩，则有可能形成懦弱的性格，习惯委曲求全；或者走向另一个极端，习惯用动作来表达观点，

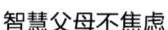

甚至成为惯用暴力的人。

天赋 Tips

任何一场赢了孩子的辩论都不是父母的胜利，因为亲子之间的辩论根本无关对错，而是孩子在练习自己的逻辑思维能力和语言表达能力。如果父母明白，现在口若悬河或胡搅蛮缠的孩子其实都是在尝试使用自己的一个新技能，那么父母恐怕感受到的就不是愤怒，而是见证孩子成长的喜悦了。

不可否认，这个过程常常伴随着不愉快，但孩子只有在家庭中学会如何合理地表达自己的意见，如何发表自己的主张，如何阐明自己的理由，未来他才有可能在课堂或职场上充分表达自己的所思所想，而不是那个永远只能听别人说话，永远羞于启齿的"闷葫芦"。

青春期叛逆是对父母的"秋后算账"

一周之内,我同时接到两位妈妈的求助,两人的情况还恰好相反。

15岁的女孩盈盈,自打上了初中就仿佛抱定了某种信念,所有课外班都不上了。不但学科类的课外班不上,连兴趣类的课外班也一律放弃了,包括她曾经很喜欢的绘画。眼看快要中考了,盈盈有两科明显偏弱,妈妈很着急,想说服她去补课,但盈盈坚决不为所动。17岁的大男孩立威则走向了另一个极端,什么课外班都要上,连心理咨询辅导班都要报名。妈妈为此也很担心,孩子都已经高一了,哪有那么多时间去上课外班。

详细了解之后,我发现这两个孩子都是在青春期出现了转折。客观地说,盈盈一直比较专注学习。但从一年级开始,妈妈就将她所有的课外时间都安排成课外补习,如今盈盈已经忍无可忍,开始全面抗争。立威的情况则比较罕见,在他的整个小学阶段和初中阶段,父母都忙于创业,对他无暇顾及。立威非常羡慕别的孩子有父母的陪伴,因此等到父母回归家庭,他开始"越长越小",现在虽然已经是高中生了,却表现得和小学生一样,对父母的陪伴非常依恋,而且对什么课程都感兴趣。实际上他是将报班视为一种亲情的补偿,用这种方式证明父母对他的重视和爱。

1. 是叛逆,更是惩罚

说起青春期,大多数父母会想到"叛逆"。但实际上,青春期的叛逆尽管是普遍现象,但其中有一类叛逆更像是孩子对父母过往行为的"惩罚"。孩子的表现是在为自己童年成长时期的压抑、委屈,以及自认为所受的伤害进行"秋后算账"。这也解释了为什么很多父母在面对青春期的孩子时,尽管百般调整、委曲

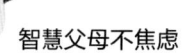

求全，孩子却依旧不依不饶、不肯配合。

以盈盈妈妈为代表的一大类注重学习的父母，都曾在孩子年龄较小时用力过猛。在孩子缺乏"反抗"能力的时候，父母动用权威包办一切，有意或无意地忽略了孩子发出的微弱抗挣。这类父母往往相信大力出奇迹，不惜砸钱、砸时间、砸上自己的一切资源在青春期托举孩子。孩子越是乖巧，父母越容易操之过度。殊不知，强大的学习压力最容易让孩子产生逆反心理，和童年时期形成鲜明的对比。

立威的情况则与著名儿童教育专家李跃儿提到的情况一致。李跃儿在其著作《谁拿走了孩子的幸福》中，记录了让儿子返回童年，重新用爱来"驯养儿子"的探索，从中可见，父母对孩子的高质量陪伴是建立孩子完整健康人格的必要途径，不可跨越。

大多数父母都知道，0~3岁是孩子建立安全感的关键期，在此阶段，如果母亲在孩子的世界中"消失"，孩子会为了自保关闭与父母连接的心门。尤其对男孩来说，即便成年结婚后，这种曾经的恐惧感也会驱使他再次启动心理防御机制，使他时常忽略伴侣和孩子。

而孩子在3岁之后，虽然重点是身体和智力的成长，但与父母的亲密关系依然构成其最强烈的情感支撑。如果孩子在这个阶段未能有效构建起与父母的亲密关系，那么，等他到了青春期，开始主动去寻找和重建与父母之间的连接时，就会陷入茫然，无从判断何为正确的方式。比如立威，他要求父母花很多钱给自己报课外班，其实是在用钱来衡量父母对他的爱。这虽然是不对的，但在立威看来都是理所当然的。毕竟，父母在未能陪伴他的那段时间，更多的是采用了以礼物来传递"爱"的方式。这让孩子产生了一种错觉：你为我花钱越多，就越爱我。

2. 青春期，最好的解决时机

青春期的问题，源于青春期之前，最好的解决时机，也在青春期这一阶段。归根结底，父母需要注意以下三点。

（1）身体安全感的建立

我总不厌其烦地强调大脑顶叶区的作用，因为这是一个人体觉感受力最敏感的区域,尤其顶叶区右脑主管体觉,是身体感受外界冷、热、痒、痛的处理中枢,更是爱和温暖情感的接收源。

正因如此,在孩子小的时候,父母要经常给予孩子拥抱、亲吻、抚触,做身体互动的游戏。这些方式能够有效地增强孩子的安全感。哪怕孩子逐渐长大,父母需要适当地退出他的生活时,依然需要保留身体接触。比如一起散步时拉着手,当孩子取得成就的时候给予拥抱,或者在孩子伤心的时候允许他靠在你的肩头。即便是男孩,父母也可以用相对简单的方式,比如拍拍肩头、拍拍后背的方式传达安慰、鼓励等爱的情感。父亲和男孩之间开展一些力量型的互动,也是一种值得推荐的方式。

(2)心理安全感的建立

不同于身体安全感的建立,心里安全感的建立主要是对孩子的颞叶区和枕叶区进行正向刺激。颞叶区主管听觉能力,且作为情感脑的一部分,能够持续积累正向、善意的信息。父母可以多运用鼓励的话语,让孩子感受到被理解、被支持。

枕叶区主管视觉能力,同样属于情感脑的一部分。父母在面对孩子时,只要能更多地展现笑容,表情温和,孩子就能感受到父母对自己的喜爱和满意。

要强调的是,父母仅仅做到这些是不够的。因为孩子深层的心理安全感源于感受到被父母的全然接纳。父母对孩子的爱应是纯粹的,既没有等价物,也不该有前提条件。回头来看,盈盈的父母让盈盈感到爱等于分数,立威的父母则把爱等价成了礼物,所以孩子才会形成错误的认知。

那么你呢,是否也曾为孩子设置了爱的前提条件?

如果你不确信,可以试着问孩子两个问题:第一,你觉得爸爸、妈妈爱你吗?第二,你觉得在什么情况下爸爸、妈妈可能不爱你?如果孩子明确回答出在某种场景下他认为父母是不爱他的,那就证明至少在孩子看来,你尚未做到对他的全然接纳,这正是其心理不安的症结所在。

(3)青春期沟通,平等是关键

如果孩子已经进入青春期,且呈现出"报复性"行为,最好的方法是平等沟通。当然,这个方法看似最简单,实际也最难,因为从青春期起,孩子的前后额叶区会快捷发展，他渴望被父母尊重。所以父母要真正做到将孩子视为成年人，既不要用质疑反问的方式，也无须采用卑躬屈膝的姿态。

只有父母坦诚而平等地和孩子对话，孩子才能感到被重视和被尊重，从而接受父母的安排，而不是采取"报复性"行为回应父母。

天赋 Tips

青春期沟通四步法示例：

比如父母希望给孩子新增一个课外班，孩子却强烈反对。这时可以按照以下的顺序和孩子展开对话——先陈述事实，如"妈妈注意到你最近不想上任何课外班"；接下来表达感受，"我尊重你的想法，但是我有一些担忧"；再阐述原因，"现在数学和物理学习已经非常难了，如果我们不及时进行调整，可能后面的压力会更大"；最后表明态度，"我愿意帮助你来解决这个问题，你可以告诉我，我需要做什么"。

当孩子出现极端行为

谁能想到，一个公认的优秀学生会因为学习压力太大而伤害自己？

一次体育课上，小迪中暑，被扶到校医务室休息，保健医生意外地发现她的手腕上有数道划痕。学校对此高度重视，将小迪的父母火速请到学校。触目惊心的伤痕让妈妈心疼不已，爸爸也感到无比震惊和难过，平时乖巧懂事的孩子怎么会做出伤害自己的事情？

在老师的耐心宽慰下，小迪才透露，真实原因是学习压力太大。这让在场的所有人都大吃一惊，因为小迪的成绩位居年级前十名，还屡次在学科竞赛中获奖，不仅如此，她还弹得一手好钢琴。除了不爱说话，小迪可是全优生。

妈妈心疼地抱着小迪，想起自己一向对女儿的学习要求极高，还曾在争吵中对孩子有过非常严厉甚至刻薄的用语。妈妈对此到深深懊悔。爸爸也反思自己常年疏于对孩子的陪伴，总认为在经济上对女儿有求必应就够了，不想孩子压力已经这么大了，自己却还不知道。

1. 情感脑与思维脑不匹配才是终极原因

一直以来，关于青春期的孩子发生自我伤害的新闻报道屡见不鲜，总让人感到心痛、遗憾。为什么正处于花样年华的孩子会走向极端呢？归纳起来，此类极端心理现象的诱因主要有三点：学习压力、家庭关系、情感纠葛。但无论是哪种原因，从大脑发展的角度来看，其实都源于情感脑与思维脑的不匹配。

情感脑包括枕叶区、颞叶区、顶叶区，分别对应一个人的视觉、听觉和体觉能力。孩子到了青春期，情感脑经过十余年充分的发展，已经相对成熟。但此时思维脑的发展刚刚开始，思维脑包括前额叶区和后额叶区，分别对应一个人的自控能力和逻辑想象能力。正是因为思维脑的发展不足，才导致青春期的孩子自控能力、客观判断能力不足，很多事情在成年人看来是可控甚至微不足道的，可孩子一旦碰上就无法控制情绪。简言之，在青春期，孩子情感脑的运动强度高于思维脑的控制能力，由此造成的落差，导致孩子的行为容易被感性而非理性驱动，表现为幼稚、冲动，并容易引发极端现象。

而在思维脑中，大脑后额叶区右脑在青春期会变得格外活跃。这个脑区决定了一个人的想象力，即基于已有经验提出新构想的能力。可此时孩子的人生经验还不充分，其想象可能偏离事实，也就是容易进行所谓的"脑补"。比如面对一次考试失误，悲观的孩子会想到多种糟糕的结果，认为这会对自己的未来造成天大的影响，甚至会把父母曾经的警告想象成真，导致心理压力过大。此时，在无处疏解，或者与父母没有形成深度互信的情况下，孩子就容易用自我伤害的方式来逃避或缓解内心的愧疚。

除此之外，还有一种情况常发生在"天使宝宝"身上。通常他们大脑前额叶区左脑发达，也就是自控能力与自省能力极强。所以这类孩子自小就乖巧懂事，严于律己，遵守规则。他们往往品学兼优，但同时，这类孩子对错误的敏感度也极高，他们不愿意犯错，更不愿意因犯错而被他人指责。过强的自省能力会让他们趋向于自我施压，哪怕在他人眼中他们的行为已经无可指摘，他们仍然会苛求自己。对他们来说，没有最好，只有更好。所以，当表现不如自身预期时，他们往往无法接受，容易采取过激行为。

2. 第一责任人的两层责任

当孩子出现极端心理现象时，父母是第一责任人。责任又分为两个层面：第一，确保一定不能成为孩子压力的施加者；第二，确保自己一直是孩子的守护者。

（1）自查自己是不是孩子压力的施加者

无论孩子的外在表现是否出现了异常，父母都要经常自我反省，自查自己是否已经成为孩子压力的直接施加者。例如，对孩子长期要求过高，语言过于刻薄，管教过于严格，与孩子关系紧张等都在此列。还有一种情况是父母因为忙于工作，对孩子关心不够，造成孩子对父母的信任感不足，碰到问题不愿跟父母交流，或者认为说了也没用便索性不说。这两种情况都会在青春期诱发孩子的极端行为。

（2）观察孩子是否处于极端压力状态之中

对青春期的孩子来说，父母一定要注重观察孩子的生活与学习环境，密切关注孩子的思想与精神动态。比如，当孩子突然拒绝上学，或者明显表现出对某位老师、某门课程的反感时，父母要高度重视，马上去耐心地了解其中的细节。有必要的话，应该与校方和老师进行沟通，及时发现诱发孩子情绪转变的真实原因。

在家庭生活中，父母需要格外注意的是，不要当着孩子的面发生剧烈冲突，不要让孩子做情感选择，或担任父母的裁判，更不能让孩子承担负面情感的重担。比如妈妈对爸爸失望，于是就把压力转嫁到孩子身上。当孩子处在青春期这个特殊时期，父母应尽量避免发生婚姻变故，如果无法避免，也尽量不在孩子面前过度地抱怨另一半，要想发设法地把对孩子的影响降到最低。

（3）无条件地接纳孩子和爱孩子

当孩子出现了极端心理现象时，父母不要急着追责，而要立刻通过言语、行为向孩子传递一个信号，那就是父母会无条件爱他、接纳他。

要知道，对已经发生极端心理现象的孩子，安全感是他们当下最迫切的需要。这个时候，孩子特别需要父母的守护。父母要默默关注孩子，用心感受他们的喜怒哀乐，而且在较长一段时间内，都要尽量回避相关的场景和话题，直到孩子在其他方面重新找到自信，或者可以在专业人士的引导下直面曾经的心结。此时，父母才可以去尝试讨论，以便确认孩子已经解开了心结。

给予孩子无私的关怀和爱，是带领孩子走出极端心理现象的不二选择。如果孩子出现了极端心理现象，关怀和爱能够帮助孩子走出困境，感受美好。

天赋 Tips

每一位父母对待孩子都必定是全心全意付出的,但因为孩子的成长并不是在真空中进行的,而父母也不是十全十美的万能选手,因此难免会出现方法上的失误,严重的甚至会引发孩子的极端行为。

父母往往会因此内疚自责,懊悔不已,但我常说,孩子出现问题就如同一杯清水里滴入了一滴墨汁,我们不能连杯子带水一块儿都扔掉,而应该注入更多的清水,将其稀释、淡化。父母积极的行动就是更多的水。孩子此刻需要的也恰恰是父母的理解、陪伴与强有力的支持。

原生家庭的影子

小羽和奕瑄是高一年级二班公认的两名"意见领袖",各有一批忠实的"粉丝"。不过两人的风格却截然不同。

小羽像个假小子,性格爽快,很是干练。同学间发生矛盾,或班里有什么事情,她都会主动冲在前面。所以,虽然小羽的成绩中等,但她在同学中颇有威望。奕瑄则是成绩优异,校内考试稳居年级前三,而且知识面广。更难得的是,他性格随和不骄傲,遇到同学请教,总能耐心细致地讲解,就像一位小老师。

两个各自优秀的孩子是怎么培养出来的呢?

小羽的父母都是当地小有名气的创业者,勤奋肯干,善于动脑。比起课本知识,他们更注重孩子的品行培养和人际交往能力,爸爸经常告诉小羽:"学习上你要认真对待,只要能达标我们就很满意。但一定要多为班集体做贡献,这样才能体现出你的价值。"

奕瑄的父母都是高级知识分子,从奕瑄小的时候起,就针对孩子的特点为他做了明确、完整的教育规划,一路托举、护航,奕瑄也的确不负众望。

可以说,小羽和奕瑄在不同方面展示出的优秀,正是原生家庭发挥正向影响力的结果。

1. 原生家庭的广义与狭义之分

大家都知道,原生家庭对孩子的影响怎么强调都不为过。但实际上,原生家庭有广义和狭义之分。狭义的原生家庭是指孩子居住和生活的小环境,其中最重要的就是孩子的父母至亲。广义的原生家庭还包含家庭所处的地理区域或社会阶层。

教育学界有一句话：小时候经历过，长大就合理了。比如小时候成长于乡村，下河摸鱼，上树摘果，近邻关系密切，这样的成长环境会让一个人即便在成年之后，无论是身居高位还是腰缠万贯，依然喜欢田野生活，吃农家菜，住农家院。而如果一个人从小生活在城市，习惯了周边的繁华与喧嚣，习惯了安排紧密的日程表，在未来工作时也会井井有条。

狭义的原生家庭对孩子的影响更为深刻。孩子从小通过亲眼所见、亲耳所闻，不断学习父母的言行举止，并在日复一日的潜移默化中形成价值观。那么，价值观是什么？说到底，价值观就是一种选择的标准，是对价值的估值。比如小羽的父母会认为人际关系估值更高，而奕瑄的父母则认为学习估值更高，这种不同的判断源于他们的实际经验。小羽的父母因为善于处理人际关系而在事业上有所成就，奕瑄的父母因为知识广博而获得尊重。根据自己的评估标准，父母会对孩子施以不同的引导。

孩子在小的时候尚未形成辨别能力，更不知道社会公允的估值方式，其判断依据主要来自父母。孩子通过观察父母在一日一事、一言一行中的估值和取舍，最终形成自己的行为标准。到了青春期，凭借过去沉淀十多年的经验，孩子开始呈现出自主能力，有一些孩子经过自我思考，认同了父母曾经的选择，就会像父母那样去行动。还有一些孩子，随着视野的逐渐开阔，思考深度的不断增加，开始对父母的行为标准进行批判性思考，并逐渐形成自己独有的价值观，可能走向父母的反面，这也是原生家庭影响的表现之一。

2. 把握住孩子价值观开始形成并走向稳定的关键期

我经常对父母说，三观并无高低贵贱之分，只是因为过去所处的环境不同，决定了对同一件事，不同的人会做出不同的判断。由于青春期恰恰是孩子价值观开始形成并走向最终稳定的关键期，因此，在这一时期，孩子从视觉、听觉、身体感受等方面获取的信息至关重要，父母要给予高度重视。

（1）近朱者赤，近墨者黑

这句话说的正是广义的原生家庭对孩子价值观的影响。孩子所处的生活环境，包括社区氛围、亲戚朋友、街坊邻居；孩子所处的学习环境，包括同学素养、老师品行、校园风气等，以上这些都影响着孩子的感受能力和判断能力。尤其对先天特质是模仿型或开放型的孩子来说，这种影响是极大的。因为这两类孩子的特点是愿意倾听别人的建议，有样学样。如果他们能在一个正向的大环境中成长，就是近朱者赤；反之，则容易近墨者黑。

古有孟母三迁，如今大多数家庭的物质条件都比较好，父母一定要从孩子小的时候就精心挑选生活环境，为孩子价值观的形成打好基础。到了青春期，父母还要关注孩子的社交和朋友的选择。有心的父母还可以主动创造机会，比如，帮孩子组织生日会、观影活动等，近距离地与孩子的朋友相处，从而了解孩子朋友的情况。如果发现有不好的苗头，尽快和孩子积极沟通，加以正面引导。但父母一定要时刻提醒自己，不要强行干涉孩子的生活。

（2）以身作则

就狭义的原生家庭来说，以身作则是最有成效的养育方式。

父母希望孩子谦虚，自己就不能夸夸其谈；希望孩子上进，自己就不能随遇而安；希望孩子自律，自己就不能随心所欲；希望孩子坚韧，自己就不能轻言放弃……只有父母身体力行，才能对孩子产生正向的影响，也唯有自己能够做到，才有底气要求孩子做到。

原生家庭有极强的传承性，父母本身也是由自己的原生家庭所塑造的，带着不可磨灭的原生烙印，这其中，既有正向的，也有负向的。如果父母已经意识到自己受到了原生家庭的负面影响，比如酗酒、家暴、焦躁等，就一定要通过自己的努力让它到此为止，不要继续传递下去。

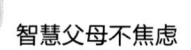

天赋 Tips

青春期的孩子在形成价值观的过程中，常常会漂移不定。如果父母本身自制自省能力强，对自己要求极高，注重规则与公平，则对孩子的多变会格外难以忍受。

但其实，这是青春期的孩子不可避免会出现的现象，孩子只要愿意做出承诺，就代表着他向善向好，这是最宝贵的。只是孩子的认知建立、行为调整、能力培养都需要时间，对此，父母善加引导就好。如果一味地批评或打击，孩子反而会因为叛逆，形成错误的认识。

当重组家庭遭遇青春期

欣怡这几天特别不开心。因为她心心念念的12岁生日宴,被哥哥的恶作剧彻底破坏了。那天,欣怡邀请了好几位要好的朋友,还在妈妈的帮助下提前精心布置了会场。哪想到,等大家给欣怡唱完生日歌,满怀期待地品尝生日蛋糕时,第一口尝到的却是满满的咸味。一时间,几个女孩全蒙了,欣怡哥哥看到大家的窘态,哈哈大笑起来,原来他偷偷地把盐和酱料塞进了蛋糕里。

欣怡的家庭比较特殊,早在她两岁时,父母就因感情不和离婚了。五年后妈妈带着欣怡再嫁,和现在的爸爸、哥哥组成新的家庭。两个孩子年龄相仿,最开始还相处得不错。可是,随着他们陆续进入青春期,矛盾就爆发了。哥哥嘴笨但脑子快,特别喜欢捉弄人,尤其以捉弄妹妹为乐。欣怡则相反,大大咧咧总上当,可她一张小嘴不饶人,每次吃了亏就没完没了地指责,常常把哥哥惹怒。几次之后,两个人的关系已形同水火。

经过此事,欣怡彻底无法忍受了。在她的强烈要求下,欣怡妈妈为了缓和矛盾、安抚女儿,只好带着她住到了姥姥家。但是后续该如何处理,一家人谁也没有找到合适的方案。

1. 重组关系让原本就容易引发矛盾的因素进一步放大

重组家庭是一个不容忽视的问题。如何处理孩子之间的关系,是重组家庭父母的重心。尤其当孩子进入青春期后,矛盾往往会增多、升级。

青春期的孩子容易以自己为主,一方面觉得全世界都在关注自己;另一方面则对别人进入自己的领地格外敏感。而在家庭中,生活空间的重合、生活物品的共用无法避免,父母作为成年人肯定能相互包容,但孩子很难容忍别人侵犯自己的空间，也不愿意进入别人的空间。比如欣怡，她小时候并没有觉得住在爸爸家里有什么问题，但现在就不同了。她甚至向妈妈直言："住在爸爸家，是以哥哥为主，是对我的不重视。"看来，在欣怡心里，其实早就想和妈妈搬出去了，这次因生日事件而出走，只是借题发挥。

此外，孩子到了青春期，原本的特点往往会表现得更加鲜明。比如听觉能力强的孩子，在意别人的评价；视觉能力强的孩子，在意别人的脸色和行为；好胜心强的孩子，想证明自己的重要性；自律性强的孩子更注重公平。而重组关系会让这些原本就容易引发矛盾的因素进一步被放大。

还要特别指出，少数孩子感觉统合失调，对他人的感受不够敏感，在与同龄人相处时，对玩笑的界限感也非常模糊。所以，他们非常容易引起别人的误解和反感，而自己却不自知。欣怡的哥哥就存在这个问题。在欣怡和妈妈搬走之后，爸爸非常严肃地与哥哥进行了深度沟通。爸爸一直认为，哥哥经常搞恶作剧是为了气妹妹和妈妈，是在故意搞破坏。但哥哥委屈而诚恳地说，他真的只是觉得很有意思，只是想和妹妹开个玩笑。

其实，在重组家庭中，对非亲生的孩子，或许父母已经发现了许多问题，但出于各种避讳往往无法点明，更遑论深度管教。所以当孩子之间发生矛盾时，父母介入的结果通常是因判决不公而让自己的孩子受委屈。而此时孩子阅历有限，不够成熟，无法了解父母的为难之处，容易将日常的小矛盾积累在心里，时间长了，芥蒂越来越大，遇到导火索，就会彻底崩盘。

2. 面对复杂关系的三个解决维度

重组家庭的亲情关系复杂，孩子必然要承受更多的磨合压力，父母也必然要花费更多的心思加以平衡。但委曲求全或强力压制都不能从根本上解决问题，我建议从以下三个维度来解决问题。

（1）在家庭关系上发力

建议每周设定一个家庭时间，全体家庭成员共同做一件事情，哪怕只是一起吃顿饭也可以。毕竟青春期只是短暂的几年时间，善意和家庭亲情却可以长久留存。当下孩子虽不理解父母的苦心，但只要度过这个阶段之后，他们就能明白父母的用意。

即便矛盾已经激化到像欣怡家一样,家庭成员被迫分开住,父母也不要忘记每周创造一次家庭成员共处的机会。还要记住,在设计活动的时候,一定要从孩子的视角出发,虽然一些活动父母可能并不喜欢,比如逛主题公园、打卡热门餐厅等,但孩子也许会出于尝鲜心理,很愿意参加。

(2)制定家庭"公约"

重组家庭中,父母很容易一味地讨好孩子,其实这反而是大忌。父母要从一开始就杜绝孩子在言语和行为上恃宠而骄,乃至利用父母的愧疚心理进行要挟。要让孩子知道,父母有原则,而且定会坚守原则。

比如欣怡,她以自己未得到足够重视为由,胁迫妈妈必须搬走。不管她有没有意识到,她都在一定程度上影响了妈妈的正常生活。孩子是父母最爱的人,但有的时候孩子与父母之间也存在博弈关系,孩子会通过自己的方式试探父母的反应,一步步逼迫父母突破底线。一旦制定了家庭规则,彼此提前约定好家庭关系的红线时,大多数孩子还是通情达理,可以做到互相尊重的。

(3)上升一个维度解决问题

据说,现代物理学家阿尔伯特·爱因斯坦(Albert Einstein)曾说过,这个层次的问题,很难靠这个层次的思考来解决。换句话说,这一个维度的问题,要到更高的一个维度才更容易找到解决的办法。正如图3-2所示,很多时候,看上去要解决的是问题,其实要解决的是能力;当具备能力后,要解决的是动机;当有动机后,要解决的则是目标。

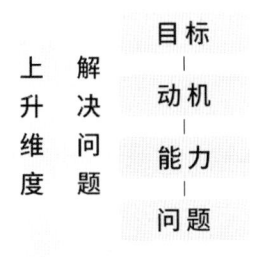

```
                 目标
                  |
上    解         动机
升    决          |
维    问         能力
度    题          |
                 问题
```

图3-2 解决问题升维图

对青春期的孩子，父母在日常生活上要抓大放小，不用事事追究，更不能总是期待出现问题时能完美解决。毕竟摩擦无处不在，解决完一个还有下一个。此时可以看向上一个维度，这一时期，孩子自信心的突破口依然还是学习。父母与其将时间花在处理孩子的矛盾上，不如花在成为孩子学习提升的帮手上。只要孩子的成绩有所提升，在伙伴关系中获得认可，在学校收获更多的表扬，充分地满足了其成就感需求，就不会轻易地陷入家庭矛盾中，也不会过分在意家庭成员之间的微小问题了。

天赋 Tips

父母之所以重新组建家庭，意味着双方已经做好了情感上和思想上的准备，但孩子还没有经历这个阶段，所以父母需要给孩子一个过渡期，让他们去适应新的关系。

孩子的一切行为表现来自过去的学习经历，但重组家庭中的复杂关系并不是他过往成长经历中曾经有过的。孩子无从学起，也就没有经验可谈。在面对新的父母关系或兄弟姐妹关系时，他们处于摸着石头过河的状态。一边探索一边试错，其紧张又纠结的心情可想而知。因此，只有父母成为孩子的帮助者，才会更有效。

单亲的孩子也可以拥有双倍的爱

硕硕的爸爸在硕硕一岁时就生病去世了,妈妈因为不想让孩子受委屈,一直没有再婚。姥姥、姥爷心疼女儿和外孙,从那时起,就搬过来照顾硕硕,一晃就十年了。十年间,硕硕和姥姥、姥爷感情深厚,对妈妈也比较体贴,明显比其他孩子早熟。

但随着进入青春期,硕硕开始变得越来越叛逆。小升初那年的暑假,硕硕迷上了网络游戏,连续几天从早打到晚。刚开始妈妈管束时,姥姥、姥爷还替硕硕说话,觉得孩子小学毕业了,有时间可以多玩玩。但后来硕硕开始不按时吃饭,注重健康的老人也着了急。有一天,姥爷叫硕硕吃午饭,在反复催促三次之后,硕硕把耳机重重地摔在地上,拍着桌子喊:"你们都少管我,吃个饭催三次,不吃能死吗?"姥爷从来没有见过这样暴躁的硕硕,当时就怔在原地。姥姥走上前去拉硕硕,没想到膀大腰圆的小伙子一甩手,差点把姥姥摔个趔趄。

妈妈下班回来发现气氛不对,再三追问下才得知事情缘由,一时间百感交集,既有对儿子的愤怒和失望,又有对父母的心疼和内疚,更有对自己当下处境的委屈和无助。

1. 孩子的压力不比父母小

青春期的孩子,总会让父母感到头疼,单亲家庭更甚,因为父亲或母亲需要一个人面对孩子,承担的压力是成倍的。对孩子来说,也同样如此。

单亲家庭,通常分为两种类型。

一种是双亲中的一方因故离世,孩子的心灵创伤主要来自对亲人的思念,这种情感通常不会迁移转化为对他人的不良情绪，有的孩子还会将更多的感情投入养育人身上，形成更紧密的情感连接。

另一种单亲家庭，是因父母离异形成的。在这种情况下，孩子的心理通常会更为复杂。有的孩子心思细腻敏感，甚至多疑，觉得父母离婚是因为自己还不够好，因而陷入长期的内疚和自责中。有的孩子则认为自己被父母无端抛弃，并将一腔愤怒迁移到陪伴他的家庭成员身上。还有的孩子认为父母只要离婚就是对自己的不负责任，陷入自怨自艾的情绪陷阱，对父母更是心有怨恨。

这里需要说明的是，父母作为成年人，生活的维度是多样化的，除了婚姻还会有事业或其他社交关系。但孩子的世界非常单一，一件在父母那儿只会造成"皮外伤"的事情，在孩子眼里可能严重到无异于一场爆炸。很多父母无意识地低估了离婚对孩子造成的伤害，尤其是提出离婚的一方，更无法理解孩子作为被动接受者的茫然无助。要知道，从生物学的角度来说，孩子是父母基因的传承，他会本能地希望父母双全，而父母离婚意味着孩子要被迫进行选择，这是一种无法依靠孩子个人能力所能缓解的巨大压力。

此外，还有一小类情况是，孩子很小的时候父母就离婚了。在主要养育人的用心呵护下，孩子表面上看起来没有受到太大的影响，但当他进入青春期后，他的自尊心会更强，更在意他人的评价，害怕自己因为与他人不同而被歧视，此时，养育人需要格外警惕，孩子长期积累的心理压力有可能会在青春期突然爆发。

2. 多角度应对孩子的复杂心态

对青春期孩子那脆弱而敏感的心理，父母首先要做到理解和体谅。更重要的是，要想方设法地弥补因为父母一方的缺失给孩子带来的影响，多角度应对孩子的复杂心态。

（1）寻求家族力量的帮助

父母一方故去的单亲家庭属于结构型缺失，单凭养育者的一己之力，纵使尽心尽责也有可能造成孩子能力上的短板。此时最直接有效的方式是在生活中补充相应的角色，比如，爸爸不在了，那么妈妈要动员家族中的男性角色如舅舅、叔叔等，尽量多参与孩子的成长。还要注意的是，无论孩子是男孩还是女孩，这种情况下妈妈都要注重引导孩子多参加体育锻炼。这是因为，一方面运动能激发孩子的能量，另一方面教练员大多为男性，可以更多地向孩子传递男性的力量。

同样，如果缺失的角色是妈妈，爸爸需要让孩子多跟家族中的女性成员相处，最好能有一两位女性亲属比较稳定地参与孩子的教育。女孩进入青春期后会迎来生理上的变化，更需要女性长辈加以照顾和教导，爸爸在这方面莫要大意。

（2）语言和感受的关注

因离异导致的单亲家庭中，孩子的心态会更加复杂，父母也需要从多角度入手来应对。

语言上，要注意保持客观中立。父母要把握的基本原则是离婚不离子。离婚是夫妻关系的结束，但不是血缘关系的终结。在孩子的心中，父母任何一方都是不可替代的。毕竟夫妻之间的矛盾只有当事人才能够体会，以孩子的年龄和视角，还无法辨别父母之间的对与错。孩子最在意的，仍然是父母与自己的情感连接。所以要特别注意，不要在孩子面前诉说另一方的过失。

感受上，既不要刻意回避父母已经分开的事实，也不要在语言上给孩子施加压力。比如，反复强调"妈妈一个人带你多么辛苦，多么难"，或者不断地要求孩子给自己争口气，希望孩子在各个方面都要拔尖等。总之，不要让孩子觉得自己"特殊"。

在语言上保持中立，照顾孩子的感受，又不刻意逃避，这样单亲父母才能让孩子感受到遗失的温暖，在幸福中茁壮成长。

天赋 Tips

　　对单亲家庭的孩子来说，养宠物是一个缓解孩子情绪压力，让孩子找到情感依托的好方法。宠物大多软萌可爱，很容易让孩子产生轻松愉悦的心情，宠物也如同一个小伙伴一样能与孩子朝夕相伴，让孩子产生安全感。最重要的是，孩子亲自照顾宠物的过程，能激发孩子的责任感和成就感，让他感受到自我价值，减少自怨自艾的悲观情绪。宠物带来的安慰与父母的努力可以形成互补的力量，更有效地帮助单亲家庭的孩子摆脱负面情绪。

多子女家庭的因"子"制宜

三宝妈在朋友的眼中，既是被羡慕和佩服的对象，也是被同情和帮扶的对象。记得她刚生三宝的时候，大家都纷纷给她发祝福信息，称她为"勇士"。结果短短几个月之后，三宝妈就在姐妹群里说她分身乏术，疲惫不堪了。

大宝12岁了，进入青春期之后，数学成绩莫名地下滑，对已经坚持了数年的舞蹈和长笛的练习也开始走形式。只要妈妈一个没盯住，她就连平时的训练都能省则省了。刚刚5岁的二宝则精力无限，好几次都因在幼儿园打架被叫家长。有时是二宝打了别的孩子，妈妈要忙着买礼物，登门道歉；有时是二宝自己被打，看着挂了彩的小脸蛋，妈妈既心疼又生气。三宝也没消停过，刚出生就得了黄疸，现在好不容易快1岁了，又到了断奶期，三宝妈为此痛苦不堪。

现在，三宝妈家的情况是：爸爸工作忙得几乎指望不上，妈妈虽然有老人和保姆帮忙，依然每天忙到脚打后脑勺。只有亲友偶尔帮她把大宝或二宝接出去玩儿，三宝妈才能稍稍有个喘息的机会。

1. 多子女家庭的教育困境

多子女家庭遭遇教育困境，几乎是无法避免的。一个孩子都能搞得全家人仰马翻，有了两个或更多孩子的妈妈注定会分身乏术。因为妈妈的角色无法替代，所以无论找来多少帮手，妈妈都是不可或缺的主力军。

首先，多子女家庭的教育有一个大前提，即家庭成员结构更加复杂。家庭成员人数的增长，使孩子成长环境中的影响因素也成倍增加。我们做过初步评估，二胎家庭平均常住人口是4~5人，但三胎家庭普遍突破6人。

举例来说，听觉能力强的孩子通常对声音极为敏感，但专注力不好。一点儿动静都能吸引他们的注意。如果是独生子女家庭，只要父母控制自己的行为，就可以营造出相对安静的学习环境。但在多子女家庭，无论怎么控制，众人行动都很难一致，发声源层出不穷，听觉能力强的孩子就会不断地被打断学习节奏，学习效率随之降低。再如，视觉能力强的孩子容易被视线以内的事物干扰专注力，人口简单的小家庭比较容易保持环境整洁，而多子女的家庭往往东西摆放杂乱，很难有干净整洁的空间来满足孩子的需求。

多子女家庭，孩子还难免会有争夺父母关注的心态，会刻意争取母亲的注意力，争吵、打架或者长时间啼哭都是他们惯用的手法。而且，如果孩子当中有模仿型的，还会向其他兄弟姐妹学习，这种此起彼伏的哭闹，会让妈妈感到疲惫不堪。

其次，妈妈的特点也会影响多子女家庭的"统筹管理"。我的经验是，妈妈的体能越强、规划能力越好、性格越平和，相对来说，子女的生活、学习就会被安排得越好。但如果妈妈的体能很弱，就更容易焦虑。因为人的精神是由体力支撑的，当妈妈体力不支时，孩子的生活、学业压力再一拥而上，就难免会情绪失控。还有的妈妈时间观念强，做事有规律，能把孩子的日程安排得清晰有序。但有的妈妈空间统合能力较差，时间安排不好，难免顾此失彼，这类妈妈就算把每个孩子的时间都安排得严丝合缝，看起来井井有条，也会在执行过程中出现大量突发情况，因为孩子不可能严格地按照时间表进行，这就会导致牵一发而动全身的现象出现。有时候，孩子状态好，就天下太平；但有时候，只要其中一个孩子出现问题，其他孩子就会陷入混乱。

2. 管理者的管理工具

多子女家庭的妈妈都是了不起的管理者，现在我来提供两个有效的管理工具，助力妈妈对青春期的孩子因"子"制宜。

（1）成为青春期孩子的父母，不如成为青春期孩子的朋友

如果多子女家庭中恰好有处于青春期的孩子，父母一定要把目光从最小的孩子身上转移到青春期孩子的身上。虽然最小的孩子是最需要父母照顾的，但是年龄越小的孩子往往需求越单一，只要吃、喝、玩、乐能被及时响应，他就能得到

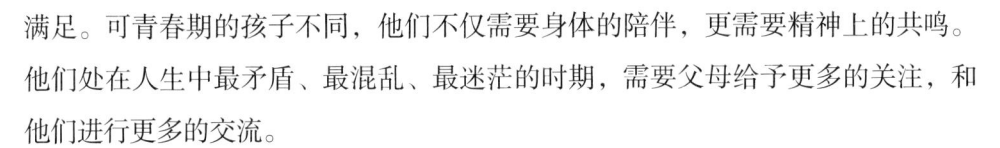

满足。可青春期的孩子不同，他们不仅需要身体的陪伴，更需要精神上的共鸣。他们处在人生中最矛盾、最混乱、最迷茫的时期，需要父母给予更多的关注，和他们进行更多的交流。

有的父母会说自己实在太忙没时间陪伴孩子，这是个问题。但陪伴质量比陪伴时间的多少更重要，许多父母陪伴孩子的时候，就是坐在孩子身边玩手机，这样反而更容易引起青春期孩子的误解和不满。父母哪怕只能抽出20分钟去陪伴孩子，也一定不要把手机放在身边。研究显示，只要手机出现在视线中，人的专注力就会下降20%。而青春期的孩子，对大人是否重视自己、能否像朋友一样平等地对待自己有着超乎想象的重视。所以，管束不如对话，成为青春期孩子的父母，不如成为青春期孩子的朋友。

（2）找到青春期孩子最突出的优点，激发自驱成长力

如果孩子本身非常自觉、乖巧、懂事、好沟通，那么父母一定要在每周的周末花半个小时和孩子一起梳理下一周的学习重点，并落实到一张周计划表上，让孩子每完成一项就打钩标记。因为自律的孩子更希望有清晰的规则，所以这个看似简单的方法对他会很有帮助。

但我们不得不承认，有些孩子生来就不太守规则。对这类孩子，我建议父母选出1~2科他最喜欢的学科，由他独立完成学习，其余学科则等父母回家后陪伴他一起学习，效果会更好。

我一再强调，父母千万不要用等一等、看一看的方式去考验孩子的自律性。因为自律性由大脑前额叶区掌管，而这一脑区的发展是从青春期才开始加速的。所以父母只靠等是等不及的，只靠看也只能看到孩子一再犯错，既让自己生气，也对孩子的提升没有任何帮助。还有的父母会通过"冷战"的方式让孩子感知自我。对大脑前额叶区还未充分发展的青春期孩子来说，这样做百害而无一利，孩子不仅感知不到父母的用意，甚至还会对亲子关系感到失望。

父母要找到孩子的优点，培养孩子的自律能力，让孩子自主学习，从而激发孩子的自驱成长力，只有这样父母在培养孩子时才能事半功倍。

天赋 Tips

我常说,妈妈就如同一个公司的CEO,有三个孩子就相当于要同时管理三个子公司,其难度可想而知。多子女家庭的妈妈要像一位企业家,不仅要善于使用管理工具,还要善于调配周边资源为己所用。做决策时要理性选择,学会抓大放小,只抓最重要的A类事件,时间分配上只确保最重要的事情能够按时按量完成,以免顾此失彼。

还要注意的是,妈妈在调配资源时除借助老人、保姆等家庭外部资源外,更要让子女之间形成互帮互助的关系,让每个家庭成员都承担相应的职责,反而有助于形成子女之间团结合作的家风。

青春期的男孩和女孩大不相同

谦谦妈妈和骏骏妈妈是一对表姐妹，两人是同行，住得也近，平时交流得特别多。巧合的是，两家的孩子同龄且性格爱好相似，总能玩到一起。所以从孩子小的时候起，两家就经常聚会，两个孩子就像亲姐弟一样亲密。等到孩子升入中学，虽然见面的次数减少了，但他们彼此都很记挂对方，感情仍然融洽。

不过最近，两位妈妈同时碰到了难题。

谦谦已经是初三的大姑娘了，长得亭亭玉立，成绩也出众。只是没想到，中考在即，她竟然有早恋的苗头。妈妈已经不止一次地在楼下见到有男孩送谦谦回家。谦谦妈妈虽然心里担忧，但怕影响孩子的状态，所以一直隐忍不发。只不过有时也会忍不住旁敲侧击一番，借此提醒女儿，中学阶段要以学习为重，务必要集中精力备战中考。

骏骏的情况则大为不同。这个同样上初三的小伙子在妈妈看来还像个傻小子一样，把所有的注意力都放在篮球和游戏上。正因如此，骏骏对即将到来的中考丝毫没有感觉，更别提设定目标。看到儿子天天没心没肺地傻玩，妈妈也是恨铁不成钢，不过任她唠叨，也没见有什么效果。

1. 女孩的"早"与男孩的"晚"

孩子到了青春期，变化之大真的可以用翻天覆地来形容。一类孩子会以青春期为腾飞的起点，另一类孩子却会急转直下。而在个体因素之外，男孩和女孩会面临不同的挑战和烦恼。青春期的男孩和女孩差异对比图如图3-3所示。

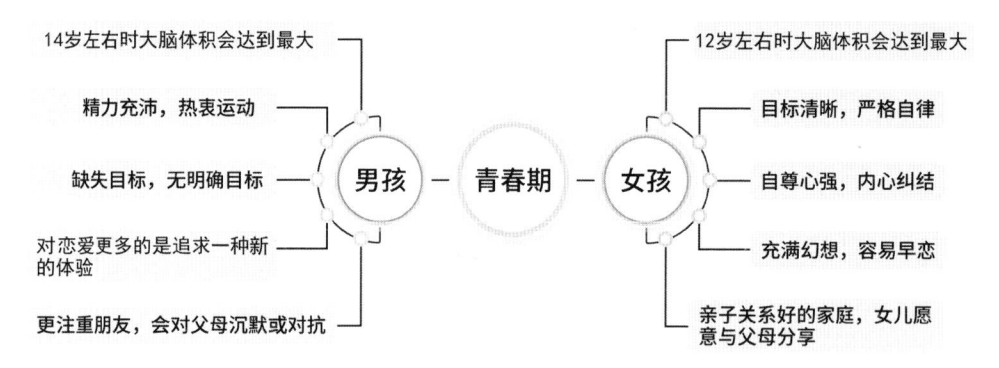

```
男孩                          女孩
─ 14岁左右时大脑体积会达到最大    ─ 12岁左右时大脑体积会达到最大
─ 精力充沛，热衷运动            ─ 目标清晰，严格自律
─ 缺失目标，无明确目标          ─ 自尊心强，内心纠结
─ 对恋爱更多的是追求一种新      ─ 充满幻想，容易早恋
  的体验
─ 更注重朋友，会对父母沉默或对抗 ─ 亲子关系好的家庭，女儿愿
                                意与父母分享
```

图3-3 男孩和女孩差异对比图

从大脑发展的角度看，较之男孩，女孩的大脑成熟得更早。有研究表明，女孩的大脑体积峰值会在12岁左右出现，而男孩的大脑体积峰值则要到14岁左右才能出现，二者有2年多的差距。这也就意味着，相比男孩，女孩的大脑前后额叶区会更早地进入快速发展阶段。

此时，因为大脑前额叶区的发展，女孩已经有些许成熟模样：目标清晰，严格自律等，都是她们相较于同龄男孩的优势所在。但早熟同时会为她们带来自尊心过强、压力太大、内心容易纠结的烦恼。因为大脑后额叶区的发展，女孩在青春期充满了想象力，容易陷入早恋。

在与父母的关系方面，只要不涉及敏感话题，通常青春期的女孩仍然愿意将父母作为倾诉的对象和安全感的来源。如果父母通情达理，她们仍然愿意分享在学校的所见所闻。

男孩在青春期则呈现出与女孩不同的特征。由于大脑发展速度和阶段相对滞后，男孩会有更长的时间去发展大脑顶叶区，而这正是一个人精力和体力的源头所在。所以，青春期的男孩总是呈现出无限的活力，热衷运动。他们的关注点尚未转移到未来的发展目标上，更不会围绕目标进行逻辑分析、制订有效的计划。换言之，他们的思维脑还没有完全启动，所以表现得更像一个孩子。因为晚熟，在感情上，男孩也很难将恋爱与自己的未来建立起紧密的关联。他们更容易将恋爱视为一种新的游戏，出发点只是想去体验和感受，希望通过保护女孩彰显自己的力量。

在与父母的关系上，男孩也和女孩不同。他们在这个阶段更注重群体的意见，伙伴往往能够取代父母，成为他们最愿意交流的对象。如果父母开明，他们可能保持较为正常的沟通；如果父母唠叨或管束过严，他们则可能沉默以对或反唇相讥。

2. 稳中求进与单点突破

青春期的男孩和女孩是如此的不同，父母的应对策略也一定要有所不同。对女孩来说，建议稳中求进，而对男孩则倡导单点突破。

（1）稳中求进之"双稳"

稳中求进有两层含义。一是学业之稳。父母要帮助孩子保持稳定的学习状态、稳定的成绩水平。在此基础上，依据孩子的天赋特点，给予合理的建议，引导孩子逐步取得进步。比如很多女孩，由于体能相对较弱或运动量不足，不适合高强度、高压力的学习，一旦父母施以重压，孩子就容易生病或心生恐惧，轻则放弃学习，重则引发焦虑，乃至情绪抑郁，严重的可能会暂停学业。对这类孩子，父母要做的就是引导孩子养成规律运动的习惯，帮助孩子排解压力，让她尽量轻装上阵，减负前行。

二是亲子关系之稳。父母的稳定状态是构建孩子安全感的基石。面对孩子出现的一些新情况，比如情感起伏或者成绩波动，父母不要过于敏感。唯有亲子关系足够牢固，父母才可以进一步争取成为孩子的导师，让自己的经验和方法成为孩子的参考，陪伴孩子度过动荡的青春期。

（2）单点突破的"点"之所在

单点突破同样也有两层含义。一是在学业上找到单点。青春期的男孩往往难以自主形成清晰的目标，也不愿意花心思去统筹学习，但他们精力充沛、体能强，有较强的抗压能力。因此父母要首先帮助孩子找到单点。这个单点就是孩子最感兴趣或基础最扎实的学科。一旦孩子在这个单点上加大强度，形成优势学科，出于好胜心，男孩会为了保持自己被他人认可的状态而继续努力，进而带动其他科目的学习。

二是在亲子关系上也找到单点。青春期的男孩尽管在心智上还像个孩子，但父母也千万不要以对待小孩子的方式去对待他，尤其不要碎碎念。这时应该把突破点放到梦想或品格教育上。男孩通常更渴望成就感，让男孩通过一个榜样对未来形成具象化的认知，并以榜样的品格力量，如勇敢、坚韧、努力、勤奋等，激发孩子向好的行为认知。由此可以帮助孩子树立远大目标，明确考学方向，探寻优势学科，形成核心竞争力，有可能取得意想不到的突破。

总体而言，女孩适合细腻陪伴，男孩适合激发斗志。

天赋 Tips

在此我还要特别提醒各位父母，爸爸的作用无人可以取代。家有女儿的爸爸，要主动、坚决地充当女儿的"护花使者"，以成熟男性的稳重，让女儿感受到被照顾和被呵护。父亲做得越好，女儿向外寻找男性力量的可能性就越低。对青春期的女孩来说，心态上的这种"富养"格外重要。

家有儿子的爸爸，要成为儿子的榜样。青春期的男孩会不自觉地像爸爸那样去思考和决策，爸爸的世界观、价值观以及人际关系的处理方式等，都将成为儿子模仿的对象。爸爸的形象越鲜明，男孩就越容易行为端正、品格坚毅。对青春期的男孩来说，榜样的力量是无穷尽的，爸爸对此责无旁贷。

附3：亲子沟通潜能自查简表

如果您的孩子在亲子沟通上呈现出以下特征，证明孩子在相关方面具有较强的天赋潜能。

自制能力/自省能力	常常因怕做不好而故步自封；对父母的批评和激将反应剧烈；发生亲子冲突时善于从自身找原因、自我改进
趋避特性/乐观自在	容易与兄弟姐妹争宠；与父母冲突后不记仇；爱说爱笑，亲子关系相对融洽
逻辑思维/语言模仿	容易强词夺理甚至狡辩；爱耍小聪明、钻父母的空子；在对抗父母时善于总结经验
想象创新/空间统合	有时会做白日梦，不切实际；时间观念强，可以充当家庭调度员；喜欢做各种时间规划或日程安排表
肌肉耐力/肢体操控	皮实、抗造、不娇气；愿意帮助家人分担责任；时常充当家庭体育委员的角色
体知觉力/肢体语言	感恩心强；父母的贴心"暖宝宝"；喜欢和父母做拥抱、拉手等肢体接触
语言听力/听觉记忆	愿意和父母多交流；亲子沟通中如果被"冤枉"会难以释怀；聆听耐心不足，极度反感唠叨
辨音听力/关联记忆	情绪波动大；愿意称赞他人；争吵时的气话说完就忘
视觉辨识/图像记忆	容易挑小毛病甚至吹毛求疵；愿意在具体的事情上帮助父母；容易体察到父母的细微用心之处
美感体认/快速阅读	很在意父母的表情；注重父母的衣着打扮；注重家庭氛围和居住品质

四、社交篇：
智慧父母如何善引导

天赋教育主张的社交引导步骤和方法如下：

步骤一：转变身份，从孩子的父母变成孩子的朋友。

进入青春期，就意味着大脑前额叶区的飞速发展正式拉开序幕，也意味着孩子的社交重点将逐步从家庭转向社会，主要社交对象将从家人转向朋友。此时，孩子将用朋友的身份重新接纳一次父母，才能将父母继续留在自己的社交圈里。有的父母正因为没有做好这项准备，在这次转变中被"拒之门外"。

步骤二：转变评价体系，从单一标准转向立体、多维度标准。

孩子上小学时，只要学习好就会获得父母和老师的认

四、社交篇：智慧父母如何善引导

可，但进入中学后，朋友的态度和意见将史无前例地跃升至"C位"，这势必会导致其时间和精力的重新分配。如果父母仍然只盯学习这个单一指标，就有可能引发诸多矛盾。孩子甚至会为了朋友，站到父母的对立面。因此父母应该主动、适时地将社交能力、活动能力、表达能力等纳入对孩子的评价体系之中，陪伴孩子顺利度过这一关键阶段。

当孩子开始不断强调"我"

俗话说，女大十八变。13岁之后，欣怡的个子越发高挑，长得越来越漂亮。与此同时，她的性格也发生了变化。

小时候的欣怡活泼、开朗又大方，表现出超强的语言表达能力，特别喜欢给小朋友讲故事，上小学的时候更是经常登台演讲。但现在的欣怡越来越不自信，一会儿觉得自己的腿太粗，一会儿为脸上的青春痘烦恼。更严重的问题是，原来她在台上从不怯场，现在却连主持本班的班会也会不由自主地脸红，连声音都无法控制地颤抖。欣怡总觉得所有人都在关注她，这让她格外不自在，高度紧张。

妈妈开始没太当回事儿，认为欣怡只是不太适应初中生活，磨合一段时间就好了。直到班主任向妈妈反馈，校学生会了解到欣怡在小学时期的优异表现，多次邀请她加入校学生会，都被欣怡拒绝了，孩子的理由是自己能力不行，担心做不好。班主任认为，参加社团活动倒是其次，但自信对孩子的生活、学习是很重要的。班主任反复问欣怡妈妈是不是孩子的压力太大，还提醒她不要给孩子太大的压力。

此时妈妈才意识到事情的严重性，她觉得自己必须和欣怡好好谈一谈了。

1. 既是自我中心主义，也是宣告"主权"

欣怡这种看上去反常的表现，其实在青春期的孩子当中常会出现。

首先，从社交角度看，青春期的孩子会产生一种奇怪的感受，那就是"每个人都在看我"。这是因为孩子在青春期最为鲜明的变化就是自我意识的增强，反映为自我中心主义，且细分为两种社会思维。

一种是假想观众，也就是孩子会过于关注自己，以致忽视他人。他们会感觉自己时刻都站在舞台上,所以需要努力地对"观众"做出反应。有的孩子会为了给"关注者"留下更好的印象而拼命地表现,因此变得非常张扬;还有的孩子则会像欣怡一样,觉得自己不够好,在自认为无法躲避的关注中,变得敏感、自卑。

另一种是个人神话。这一时期,孩子会觉得自己是独特、唯一的。例如,有的孩子会过于自我肯定,认为自己的想法是最好的,或者自己是最有能力的。有的孩子甚至会自我暗示,觉得坏事只会发生在别人的身上,自己则永远是幸运的。这种盲目的自信,会导致孩子在碰到挫折时,产生心理落差。

青春期也是孩子探索自我同一性的关键时期。他们会审视自我,反复思考"我是谁",并通过外界的反馈来不断校准自己的判断,以致认为所有人都是评判官,而格外在意别人的评价。

其次,从家庭角度看,孩子不断强调"我",是在向成人世界宣告"主权"。父母会发现,这个时期的孩子开始拒绝别人擅自进入他的房间,未经允许触碰他的东西更会引起他的怒气,孩子开始反感父母打探自己的消息,也不愿意像小时候那样介绍自己的朋友给父母认识。孩子执拗地捍卫着自己的观点,频频展开父母认为毫无意义的争论。

对于权威,如老师、专家、成功人士等,青春期的孩子时常会表现出不屑。尤其是逆思型的孩子,在这方面的表现更明显。因为这类孩子的逆向思维能力非常强,本身就讨厌权威、抗拒说教,对大多数人习以为常的事情,他们总能出其不意,从不同的角度去解决。小的时候,这类孩子有时会比较孤独,不被同学朋友所接受,这也会催生出他们独特的思想。随着年龄的增长,到青春期时,他们会更加强调"我"的意见、"我"的想法,如果身处多子女家庭,则表现得更甚。

2. 启动两大关键任务

当孩子凡事必提"我"时,就意味着父母的两大关键任务的启动期到了。

（1）让孩子重新找到真正的自信

青春期的孩子，大脑前后额叶区会高速发展，初步建立起批判型思维。对父母流于表面的表扬，他们已经不再轻易相信，更难以受触动。此时，对父母来说，最好的方式是引导孩子找到内生自信的支点。而孩子要想建立内生自信，唯一的途径就是通过自己的努力，在自己擅长的事情上反复体验成就感，一次两次是不够的，而是需要多次；别人的帮助是不行的，必须自己亲力亲为。这个实践的过程，是孩子探寻自己的能力、认同自己的能力的过程。

在具体的选择上，体育是比学习更简单易行的途径。当孩子可以咬着牙做更久的平板支撑时，或以更快的速度跑完800米时，就能"看到"自己的成功，"看到"自己的能力在不断地增长。当然，对处于青春期的中学生来说，学习依旧是其最重要的任务，而学校的评价体系又相对单一，因此我强烈建议各位父母一定要引导孩子在学习上找到自信的支点，可以先选择一个科目让孩子在一段时间内集中精力、单点突破。一旦一科的成绩有明显提升，孩子就会摆脱自卑，建立起对学习的自信心。

（2）学会尊重和接纳孩子"我"的意识

父母与其让孩子以各种反抗的方式提醒大人要关注"我"的成长变化，不如主动表示出对孩子成长的尊重。父母要知道，青春期的孩子一直"在舞台上表演"，是很累的。他们之所以常常关上房门或戴上耳机，只是为了让自己放松下来，并非拒父母于千里之外。同样地，青春期的孩子不容易被说服，但并不代表他不愿意接受建议，只是他需要一个自我判断和消化的过程。因此父母在给孩子建议的时候，只要阐述清楚即可，一定要把最终的决定权交给孩子，记住千万不要过度唠叨。

天赋 Tips

在这里要特别提醒父母,如果家里有逆思型孩子,更要格外注意,一定要成为孩子的倾听者和同行者。在我的教育实践中,已经不止一次地听到和看到逆思型孩子在学校中,讲的笑话别人找不到笑点,小组活动中的提议也常被大家否决。他们可能会因此缺失关系密切的好朋友,他们内心渴望被理解、被接纳。父母当然要做他们最坚定的支持者。

此外,逆思型孩子还有随口说"不"的习惯,但实际上这并非孩子在强调"我",而仅仅是他的语言表达方式。父母不妨多说一句:"如果你有更好的想法,我们可以一起来实施。"

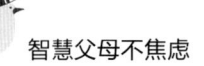

青春期的"社交圈"

从三个月前开始,冉冉和妈妈的关系变得越来越僵,主要原因是妈妈开始介入冉冉的交友情况。让冉冉最反感的是,妈妈看上去并不强势,但实际上总会拐弯抹角地打探她朋友的详细情况,平时也总会旁敲侧击,说些近朱者赤、近墨者黑之类的话。

冉冉算是那种贴心且理性的女孩,能够感受到妈妈对她的关心,但仍然不胜其烦。最让她失望的是,一直都很支持自己的爸爸最近也在向妈妈靠拢。一想到自己都15岁了,还处于父母的监视和掌控之中,冉冉就觉得特别恼火。再加上临考前压力大,妈妈唠叨多了,她忍不住会回嘴争辩,有时一不小心就会演变为母女战争。

冉冉的爸爸妈妈知道女儿的想法,但仍不敢放松,他们的理由同样充分:冉冉从小就是个社交达人,无论在班级里还是小区里,一向都是那个被簇拥的孩子。上中学之后,学业压力这么大,冉冉每天惦记的还是和同学聊天,周末还会和同学相约外出。在妈妈看来,女儿的心思全然不在学习上。爸爸也认为,朋友在精不在多,女儿的社交过于广泛,时间分配有问题,可能会影响学习。

1. 青春期的孩子在人际智能上的三大变化

如果你家也有青春期的孩子,相信能够从冉冉身上看到些许影子。进入青春期后,孩子的社会关系焦点开始从家庭转向同伴融合,所以孩子会更注重同龄人的认可。此时,他们将朋友当作寻求价值感和归属感的核心源泉,而且,无论朋友是多是少,都不愿意与父母分享太多关于朋友的信息。父母常常为此感到不解甚至伤心。其实,作为父母,首先要了解一个专有名词——人际智能。

四、社交篇：智慧父母如何善引导

人际智能是美国著名发展心理学家、哈佛大学教授霍华德·加德纳（Howard Gardner）提出的多元智能理论中的一个概念。人际智能和语言智能、数理逻辑智能、音乐智能、空间智能等同属八大智能之一，具体是指善于察觉他人的情绪、气质、动机和技能方面的差异，体会他人的感觉，辨别不同人际关系之间的暗示，以及对这些暗示做出适当反应的能力。简言之，人际智能主要影响的是一个人的人际关系处理模式及遇事做出反应的能力。

人际智能由大脑前额叶区右脑决定，而这一脑区的加速发展恰恰开始于青春期，大脑前额叶区从量变到质变，由此引发孩子在人际智能上的一系列变化，如图4-1所示。

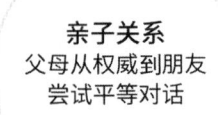

青春期人际智能

- 亲子关系：父母从权威到朋友　尝试平等对话
- 朋友关系：小伙伴从玩伴到知己　尝试新的友谊深度
- 男女关系：异性从陌生到亲密　尝试新的亲密关系

图4-1　青春期的三大人际关系转变图

第一个变化体现在亲子关系上。孩子开始尝试与父母构建新的相处模式。在孩子心目中，父母从原来高高在上的权威变成地位持平的朋友，所以孩子会开始追求平等对话，外在表现就是频繁地挑战父母的权威。如果孩子经过一系列的尝试，最终判断出父母不能成为自己的朋友，则有可能关闭心门，将父母拒之门外。

第二个变化体现在朋友关系上。如果说青春期之前，朋友只是孩子重要的玩伴，那现在则会变成其主要的情感连接者，朋友的反馈是构成孩子自信和快乐的核心来源。也正因为对友谊的过度敏感，孩子有时会误将父母的关心视为对友谊的侵犯。

第三个变化体现在男女关系上。此时，孩子对爸爸、妈妈之间的夫妻关系已经有十多年的观察和感受，有些孩子会试着去构建自己的男女关系，所以才会出现早恋现象。从本质上看，这是孩子对构建一种新的人际关系类别而进行探索的试验。

正因为以上三个变化同时出现，孩子在青春期的社交行为会发生巨变。此时父母的反应往往出现两极分化，一类是像冉冉的爸爸妈妈这样，由于不了解原因而过度紧张，女孩的父母往往容易走向这一端；另一类则是忽略了孩子的变化，未能正确地加以引导，导致孩子因社交不当，给学业乃至其他方面带来了不利的影响。

2. 最难的是适度

对青春期孩子的社交，管得太紧不行，太松也不行，那么父母到底该怎么办呢？

（1）学会换位思考

这也是我最常给青春期孩子的父母提出的建议。谁还不曾年轻过？父母不妨将自己的心态置换到曾经年少时，回顾一下自己当年的状态，甚至可以和孩子一起去讨论。一方面，能拉近与孩子的距离，另一方面，很多父母通过回忆会骤然发现自己也曾叛逆或热血过。这种坦诚的沟通恰恰符合前文所说的第一种变化，就是孩子渴望与父母成为朋友。当父母放弃权威定位，能够以朋友身份和孩子相处时，得体、适度地退出孩子的社交活动，便会成为自然而然的结果。

所谓适度，指的是即便父母参与到孩子的社交活动中，也能主动保持一定的距离。对此我自己就有切身体会。就在不久前，我应女儿的要求，给她操办了14岁的生日宴。妥善安排好一切之后，我选择将主场交给女儿，自己则坐到餐厅的另一角，全程不打扰她和朋友的欢聚。后来女儿告诉我，同学都觉得她的妈妈很棒,让她特别有"面子"。

(2) 回忆孩子在0~3岁时的表现,将彼时的容错能力复制到青春期

0~3岁时,孩子磕磕绊绊地学习吃饭、说话、走路。对孩子在这个过程中出现的失误,相信所有的父母都能够坦然接受,且表现出极大的耐心,父母还会因为孩子的每一个小小的进步而感到欢欣鼓舞。

当孩子到了青春期,父母会默认孩子的能力得到了长足的发展,不应该再犯"低级错误"。但事实上,青春期被称为大脑的第二个0~3岁,这一时期,孩子对如何社交、如何选择朋友,同样是懵懵懂懂地学习着,这期间就需要父母的包容。父母要知道,犯错是孩子成长路上不可或缺的插曲,在可控的范围内,要有一定的容错率。父母要给予孩子足够的耐心和包容,让孩子学会独立处理社交关系,如果"犯错",父母就帮助孩子及时进行补救,这样才能让孩子在健康正确的社会关系中成长。

父母要正确面对孩子在青春期的人际关系,不过分担忧,不过分管束,在和孩子的沟通中也要找到一个合适的位置,和孩子进行平等对话,给孩子一个宽松舒适的人际交流环境。唯有这样,才能让孩子更好地处理变得复杂的人际关系。

天赋 Tips

对青春期孩子的社交,父母最忧虑的莫过于交到坏朋友。这里有一个关键问题,即父母与孩子双方对坏的定义不同。父母会将学习差定义成坏,也可能会将不良的语言行为习惯定义为坏,甚至把家境复杂也定义成坏,但对孩子来说,能不能谈得来比这些都重要。

除此之外,大多数父母都不会想到,有些被认为优秀的孩子也会和所谓的坏朋友打成一片。这类孩子往往具有强烈的同理心,热情而善良,他们之所以结交所谓的"坏朋友",实际上是出于善意,希望让这些被孤立的同龄人感受到自己传递的尊重和友好。

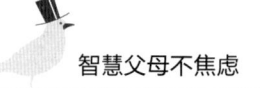

青春期的"面子工程"

立恺从小就是个守规矩的孩子,和父母关系融洽,彼此信任。但没想到刚上高一,立恺就和母亲闹翻了。

起因是有一天放学后,几个同学临时决定一起去吃饭,立恺没多想就跟着去了。当时同学还提醒他要不要跟父母说一声,立恺自豪地回答:"我妈从不过多干涉我,用不着专门打电话请假。"

晚上七点,妈妈回家后发现立恺没有回来,起初并没有太在意。因为高中生不允许带手机,她联系不上立恺,但出于对儿子的信任,她认为不会有什么问题。可直到八点半,立恺还没有回来,也没有任何消息,妈妈越想越害怕,担心孩子会不会是在回家的路上出了什么事,于是连忙打电话向班主任询问,同时在家长群里拜托大家提供消息。

十分钟后,老师的反馈还没收到,立恺就到家了。兴致勃勃的立恺刚进门就听说妈妈在兴师动众地找他,立刻火冒三丈。他认为,妈妈的举动让他太丢"面子"了!一方面他担心老师会责备,另一方面又觉得在同学面前丢脸。妈妈被他的反应惊呆了,明明是关心,怎么到了孩子这里,就成了丢"面子"的事儿了。

1. "小心思"是如何造就的

立恺和妈妈的这次小冲突看上去是亲子互动的问题,实际上是青春期孩子独有的社交问题。在青春期的孩子眼中,"面子"大于天。可以说,所有青春期的孩子都无一例外地爱"面子",只是不同类型的孩子爱"面子"的原因各不相同,如图4-2所示。

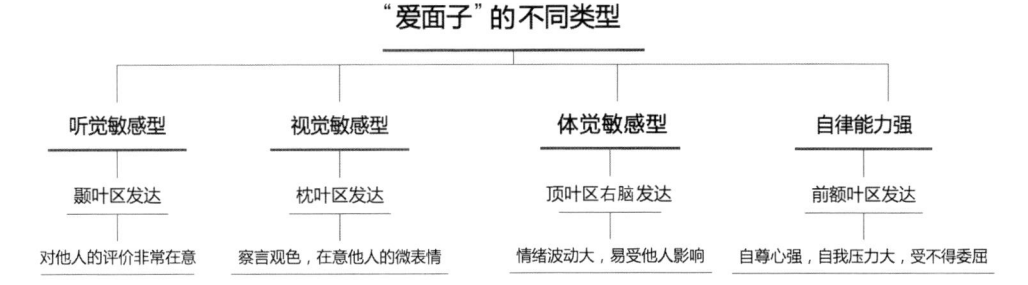

```
                    "爱面子"的不同类型
    ┌───────────────┬───────────────┬───────────────┬───────────────┐
  听觉敏感型        视觉敏感型        体觉敏感型        自律能力强
    │               │               │               │
  颞叶区发达        枕叶区发达       顶叶区右脑发达    前额叶区发达
    │               │               │               │
对他人的评价非常在意  察言观色，在意他人的微表情  情绪波动大，易受他人影响  自尊心强，自我压力大，受不得委屈
```

图4-2 "爱面子"的四大成因示意图

第一类是听觉敏感型的孩子。这类孩子的大脑颞叶区发达，善于用耳朵捕捉外界的信息。他们不仅对他人说话的内容反应迅速，同时也更加在意别人的态度。特别是大脑颞叶区右脑发达的孩子，他们辨音能力极强，对别人说话时的语音、语调都更加敏感，甚至会以说话人的声调高低判断其意图。从正向角度看，这代表着这类孩子善于倾听弦外之音，但同时，他们也会对别人的评价过于在意。

第二类是视觉敏感型的孩子。这类孩子的大脑枕叶区发达，善于用眼睛捕捉外界的信息。他们不仅拥有细致入微的观察能力，同时还非常注重别人的表情变化。从正向角度看，他们很有"眼力见儿"，有时哪怕接收到一个眼神，就能心领神会。但相应地，如果对方在交谈中没有表现出他们预期的反应，或者表情上表现出一点点儿嘲笑或不屑，就会极大地伤害他们的自尊心，引发他们强烈的情绪波动。

第三类是体觉敏感型的孩子。这类孩子的大脑顶叶区右脑发达，喜欢用肢体语言来表达情绪。他们容易被外界的力量所激励，性格相对冲动。如果外界传递的力量是正向的，他们就会情绪高昂，一旦碰到负面评价或指责，他们就会陷入情绪谷底。这导致他们的情绪容易大起大落，有的孩子还会用自负的表现掩盖内心的虚弱。

第四类是自律能力强的孩子。这类孩子的大脑前额叶区发达，自制、自省能力强。一方面，他们在日常生活中会主动遵守规则，严于律己，不愿意犯错，即使犯错也会先检讨自己；另一方面，他们会因为自省能力太强，将别人的善意提醒或轻微批评不断放大，给自己带来极大的心理压力。此外，这类孩子的自尊心太强，通常不能容许别人错怪或冤枉他，受不得一点儿委屈。

2. 维护孩子的"面子"，从一言一行做起

青春期的孩子爱"面子"是一体两面的，虽然可能会让父母觉得很麻烦，但也是孩子建立自尊、自信的过程。父母可以从下面两点建议入手，从而维护孩子的"面子"。

（1）日常生活做到"四不"

青春期的孩子对"面子"的理解和成人不同。根据我的经验，父母无意中伤害孩子"面子"的情况主要有四类，相应地，需要时刻提醒自己做到"四不"。

首先，不要在外界环境中当众批评孩子。有些父母认为小孩的"面子"无须顾及，甚至当众猛烈批评孩子，只是为了证明自己的"公正无私"，这在孩子眼中都是可憎的。

其次，不要公开拿孩子的糗事当谈资，或乱开玩笑，要知道，你觉得有趣好玩的代价是伤害了孩子的自尊心。

再次，不要为了维护别人家孩子的"面子"而过度贬低自己的孩子，这不是谦虚的表现，反而会让注重公平的孩子愤然。

最后，不要在老师和同学的面前破坏孩子的形象，要知道在此阶段他们是孩子社交圈中最重要的人。

（2）针对先天特点不同的孩子，要学会区别对待

对听觉敏感型的孩子，父母要注意不说负面语言，包括控制语调，避免孩子过度解读。有的父母很注意用语，但着急时会不自觉地提高声调，这时候，听觉敏感型的孩子往往还没有仔细思考你说的内容，情绪上就已经开始失控。对这类孩子，父母要牢记多给予正向的语言反馈，多认可孩子的表现，孩子会从父母的评价中得到极大的满足。

对视觉敏感型的孩子，父母要注意的是，孩子讲话时要专注聆听，和孩子保持眼神交流。切忌一边做别的事情一边听，这样会让孩子感到他不受尊重。如果父母和孩子发生了争论，在孩子表达意见时也要做好表情管理，切忌面露不耐烦或表现出不屑，这会被孩子视为挑衅。对这类孩子，一个可行的方式是利用书信

来沟通，因为书写的过程也是情绪沉淀的过程，能使父母减少情绪的干扰，用更准确的语言来表达真实的想法。

体觉敏感型的孩子最注重家庭的氛围。如果家中长期处于低气压的状态，无论是不是他引起的，他都会变得极为敏感，对任何批评的声音都会反应过度。这时的孩子看上去是好"面子"，其实内心最核心的诉求是家庭氛围好转。父母可以多和孩子拥抱，或增加其他肢体接触，让孩子充分感受到来自父母的善意和关爱。

对自律能力强的孩子，父母要注意保护其超强的自尊心，一定要秉承当众表扬、私下批评的原则。孩子犯错时，父母也决不可翻旧账，否则会导致孩子心理压力过大，厌烦或回避沟通。树标杆对自律能力强的孩子能起到事半功倍的效果，让家庭成员向他学习，会激起他更强的动力。

天赋 Tips

很多父母都容易忽视一点，就是亲子互动的行为举止要随着孩子年龄段的变化而变化。孩子小的时候，很多父母习惯于通过摸头、整理衣服等亲昵的动作来表达对孩子的关心和爱，孩子也乐于接受。但当孩子长大之后，他们会将这些动作理解为父母还在把他当成小孩子，尤其是当着外人的面时，他们会因此而感到羞耻。如果还因此遭到同伴的起哄，他们就更容易"恼羞成怒"。

因此，当孩子进入青春期后，父母要学会以成年人的方式去称呼孩子，不要在孩子的朋友面前直呼孩子的小名或绰号，这会让孩子非常尴尬。

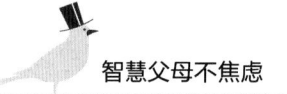

青春期的孩子都是"外貌协会"的

小帅人如其名，长得很精神，再加上有体育特长，从小就引人注目。虽然总受到夸赞，小帅对自己的穿着打扮却不是很上心，父母买什么他就穿什么，有时候回家还是乱糟糟、脏兮兮的。到了高中，学习越来越紧张，小帅却开始注重打扮了。有时侯早晨起晚了，他宁肯不吃早饭，也要一丝不苟地打理好头发。学校校规严格，规定学生每天都要穿校服，在衣着上无处发挥的小帅就把注意力放到了鞋上，经常在晚上浏览名牌运动鞋的官网，遇上限量版球鞋发售时，更是不惜蹲守抢购，消费水平也越来越高。

小帅家的经济条件较好，父母也善解人意，对小帅的花费不是特别在意，但小帅在打扮上过于上心，投入的时间和精力越来越多，这让父母感到忧虑。果不其然，在一次家长会后，妈妈收到了老师的善意提醒，说孩子最近学习状态不佳，集体劳动时也因为怕脏鞋子而不够主动积极。老师担心这样下去，不仅会影响小帅的学习，也会使他缺失集体荣誉感。

听了老师的话，妈妈紧急联动爸爸和小帅召开了家庭会议。不料，小帅却说同学们都很注重自己的形象，他的鞋还不算最好最贵的呢，还说："这有什么大不了的！"

1. 同样的"外貌协会"，不同的成因

小帅的话把父母气得够呛，但说的是实情。大家都知道，孩子到了青春期，性别意识萌动，会不自觉地希望引起异性的关注。所以在这一阶段，大部分孩子都会比之前更注重形象。受限于学校规定，男生的唯一可发挥点在于鞋，因此多会成为"鞋控"，而有些女生会偷偷开始学习化妆，把自己打扮得精致一些。这

些表现，本质上都与孩子的年龄阶段相吻合，属于正常现象。

但是，不同的孩子，对外貌的关注程度会有不同，内在原因也不同。

比如有的孩子大脑枕叶区发达，视觉敏感，一向注重环境的干净整洁、物品的漂亮精致。到了青春期，他们对视觉享受的追求会转移到外貌、服装、饰品上。同时，这些视觉敏感的孩子小时候通常会喜欢面容姣好的老师，在意别人的面部表情。到了青春期，他们也更希望成为受人喜欢的人，所以会不遗余力地花时间、花钱在打扮上。

还有的孩子进入青春期后，越来越注重自己的外貌是因为他越来越注重同伴的评价了。打扮得漂亮或者从外貌上体现出特色，于他而言，其实是为了在群体中找到存在感。想象一下幼儿园，如果有哪个小朋友带了一个比较新奇的玩具，一定会引起同伴的关注。一名大男生脚穿一双珍藏版的球鞋也是这个道理，这会让他自豪感满满。

当然，还有一类孩子并非真的那么在意外貌，但出于攀比的心理，他们也成了盲目消费的主力军，甚至会要求父母帮助他们购买远超家庭消费水平的服饰。这可能与成长中形成的不健康心理有关，但也有可能受到大脑前额叶区右脑和颞叶区右脑发展的影响。前额叶区右脑越发达的孩子越争强好胜，内心不服输，希望自己能成为焦点。而颞叶区右脑发达的孩子则非常注重别人的评价，尤其容易被人激将。青春期的孩子本来就容易冲动，具有这两种特征的孩子会表现得格外明显。

2. 每一种对美的追求都是有价值的

对不同类型的"外貌协会"，父母的应对方式也要有所不同。

（1）对大脑枕叶区先天发达的孩子，引导其树立正确的消费观

美对这类孩子有极强的吸引力。对他们来说，注重外貌、在意打扮是一种本能的选择，哪怕受到外界的干扰和打压，这个特点也不会发生改变。所以，父母的劝导或严控对这类孩子非但无效，反而会激起他们花费更多的时间去自我尝试。在这一过程中，因受限于审美和支付能力，他们会在消费上不断试错。父母可以顺其自然，也可以加以引领，带孩子学会欣赏，提高其审美，培养其正确的消费观。

（2）对注重伙伴关系的孩子，"虚荣心"也同样要尊重

伙伴关系是青春期的孩子最看重的人际关系，孩子对自己在群体中的表现格外在意，这本无可厚非。如同成年人在职场上希望合群，不受孤立，孩子也希望通过相同的关注点和兴趣点，获取同伴的认可。

有的父母不了解孩子的心理，或不能够换位思考，常常将孩子的行为上升到人格层面或道德层面加以评判。比如，有的父母认为孩子虚荣心太强，过于自私不懂得体谅父母等，这是极不可取的。如果父母认为孩子的表现已经超出可接受的范围，最可取的做法是不要全面否决，而要引导孩子进行合理消费。男孩买一双好球鞋，女孩买一个闪亮亮的饰品这都没什么大不了，只要孩子不拒绝，还可以陪他一起逛街，一起挑选。

（3）对因攀比而盲目消费的孩子，将孩子的注意力引导到他的优势上

那些特别在意攀比的孩子，往往只是偏离了应有的焦点而已。父母不要一味地否定他，而要找到孩子较同龄人相对更强的优势，加以正向引导。比如，孩子学习能力强，那父母何不引导孩子以学习为中心，进一步提高学习成绩？孩子运动能力强，父母则可以为孩子匹配更好的资源，鼓励他努力取得体育上的成就。总之，父母要创造条件让孩子回归到自己的优势上，并从中找到成就感，满足好胜心。

天赋 Tips

每个人都需要自信的支点，青春期的孩子往往比较容易把外貌作为自信的支点，因而对外貌格外关注。父母与其纠结这个问题，不如把发力点落在帮助孩子找到更强大的自信支点上。比如，引导孩子通过阅读名人传记找到向往的榜样，参加更多社会实践找到自己未来发展的方向；再如，通过公益活动，在服务他人、服务社会的过程中体验成就感和爱的回馈。当然，在学习上取得突破，同样也是重要的自信来源。

只要孩子能找到那个支点，能得到正向的评价，就能降低因外貌或形象而带给自己的焦虑。

"谈"恋爱还是真恋爱

有一天晚上,已经十一点多了,我突然接到一位妈妈的求助电话,听得出来,她刻意压低了自己的声音,但仍然掩饰不住不安的情绪。原来,她此刻正站在自家楼下,等待尚未回家的女儿。最近一个多月来,女儿频频晚归,而且还偷偷化妆。作为过来人,妈妈觉得女儿八成是早恋了。她也曾试图和女儿交流,但女儿不愿意多谈。当天晚上,妈妈主动出击,想要一探究竟。但她越等越拿不准,给我打电话是想咨询,万一真的有男孩送女儿回来,她直接冲上去会不会让女儿难堪,甚至会不会导致母女关系破裂?而如果不冲上前直接挑明,后边难道就只能继续装傻,那样会不会有更严重的后果?

我赶快安抚这位妈妈,告诉她现在要做的是立刻转身回家,给女儿打个电话。重点是提醒女儿深夜独归很不安全,爸爸妈妈都在家等她,请她尽快回家。还可以善意地问问女儿,是不是需要爸爸去接她。

青春期的恋爱被冠以"早恋"之名,总会让父母如临大敌、严阵以待。其实无须如此,因为,青春期的恋爱大多只是"谈"恋爱,而非真恋爱。

1. 多种动机下的"谈"恋爱

让我们从恋爱的动机谈起。

青春期的孩子在人际关系上会进行多种尝试,其中重要的一点就是建立和异性之间的关系,这是一种本能的需求。有一部分胆子大的孩子会主动出击,追求自己心仪的对象,胆小的孩子有可能喜欢起哄别人,其实他们都是在满足内心的渴望和好奇。这时,"谈"恋爱就犹如一场真人秀,孩子们是其中的演员,对他们来说,尝试、好奇的感觉大于所谓的爱情,由此引发了多种动机下的"谈"恋爱，如图4-3所示。

图4-3 恋爱五大动机

（"谈"恋爱的动机：视"谈"恋爱为成熟的象征、把吸引异性当作检验个人魅力的标准、弥补原生家庭的问题、被动接受他人的追求、寻找自信的支点）

动机一，把吸引异性当作检验个人魅力的标准。仔细观察我们会发现，几乎每个班级都会有男生乐于在课间讲笑话，甚至进行夸张的肢体表演，引来一片哄笑。他们性格活泼，逗笑女生会让他们感到骄傲。还有的女生明明没有谈恋爱，却非常乐意看见男生为她"争风吃醋"，似乎这也是自身魅力的体现。

动机二，视"谈"恋爱为成熟的象征。许多孩子可能连自己都没有意识到，他"谈"恋爱只是为了证明自己"长大"了。一些男生先天责任感强，通过照顾别人能获得充分的成就感。女孩则往往是因为父母管束过严，这时她谈男朋友的真实目的是宣示自身主权，甚至是一种对父母的反抗。还有的孩子看到其他人"谈"恋爱了，担心自己如果不跟上，会显得太幼稚，所以也加入其中。

动机三，被动接受他人的追求。有的孩子脸皮薄，不好意思拒绝，碰到穷追不舍的异性，会稀里糊涂地开始"谈"恋爱；还有的孩子则是出于对弱者的同情，看到对方追得辛苦，不忍拒绝而陷入所谓"爱"的旋涡。

动机四，寻找自信的支点。"谈"恋爱就是这种心理的投射。比如，有的孩子在学习上一直没有优势，很难通过学习证明自己，无论在学校还是在家里，始终都是"配角",他们渴望被认同、被赞赏,便试图通过其他方式寻找心理上的平衡,找回自信,恋爱是其中最常见的方式。有的男孩专门追求最优秀的女生,正是出于此种心理。

动机五,弥补原生家庭的问题。这是一种情感的转移。我们能看到,那些原生家庭关系不够和谐、父爱缺失的女生更容易在这个阶段去寻找另一个强有力的男性角色,来支撑和保护自己。而那些母亲过于强势,在情感上长期受到压抑的男孩,在这个阶段也会尝试寻找一个乖巧温柔的女孩,以彰显自己的男性力量。本质上他们都是在寻找自己内心深处缺失的一种关系,以让自己的情感有所依附。当然,有的孩子父母关系和谐,家庭温馨和睦,孩子并不需要寻找感情的依托,但同样也会"谈"恋爱,这正是因为,他希望能够再现父母之间的关系。

2. 父母该怎样介入孩子的早恋

了解了孩子"谈"恋爱的原因,父母的行动方案也就清晰了。

(1) 对重在吸引异性注意的孩子,抓住大原则即可

这类孩子"谈"恋爱通常停留在口头上,父母不妨也在口头上下功夫。比如,倾听他对未来伴侣的选择标准,一起探讨把同学逗笑的小技巧。在了解了孩子的想法和心态之后,父母注意通过交流,做好引导即可。因为对这类孩子来说,恋爱并非生活的重心,如果父母操作过度,反而可能会使孩子弄假为真。

(2) 对被动接受而谈恋爱的孩子,给予帮助

其实这类孩子往往并不知道该如何妥善处理"恋爱"关系。如果父母置之不理,孩子可能会越陷越深。所以,父母要及时介入,帮孩子一起分析,给他支招,在精神上给予足够的安慰。这能让孩子充分感受到父母的理解和支持,从而学会遵从自己的内心,勇敢地面对追求,大胆拒绝不想要的感情。

(3) 对寻找情感依托而产生的恋爱,高度关注

为了证明自己或为寻找缺失的爱而恋爱,是青春期恋爱中最容易出问题的类型。有的孩子甚至会在自以为找到新的港湾之后,与原生家庭决裂。还有的孩子会走出校门寻找情感寄托,导致早早放弃学业。

父母要知道,孩子的这种选择本质上是依恋父母情感的表现,所以要对症

下药。我常常劝前来咨询的父母,中年人的婚姻确实可能掺入较多的复杂因素,但父母的角色可以相对单纯。不要让夫妻关系、婆媳关系、妯娌关系、姑嫂关系等成年人的情感纠葛影响单纯的亲子关系。父母应回归本位,真实面对自己的孩子,改变自己之前的行为,给予孩子更多的关注和关爱,才是解决这类孩子"早恋"问题的核心。

如果孩子早恋只是对父母美好关系的向往和模仿,就更不用担心了。因为这类原生家庭本身和谐,亲子沟通一般比较顺畅。这时,父母可以更理性地和孩子探讨婚姻和家庭的本质,告诉孩子什么时候才是选择伴侣的恰当时机,做到理性引导孩子。

天赋 Tips

家里有青春期的孩子,父母要学会对早恋这个老问题给予新理解。当孩子尝试构建属于自己的异性关系,甚至早恋时,父母不妨将其理解为孩子在学习一种新的人际交往技能,不必太过惊慌。与成年人满足情感需求、以婚姻为目标的恋爱行为不同,新鲜感、体验感以及证明自己的冲动,是青春期孩子早恋的主旋律。

略有区别的是,女孩通常比男孩早熟,所以,青春期如果产生恋爱关系,女孩会有更长远的打算,而男孩更多地会停留在感受层面。因此也会造成一旦失恋,对女孩的影响会更大,因此父母要给予女孩更多的关注。

当孩子患上"社交恐惧症"

升入高中后,可迪上的是寄宿学校,如今开学已经一个多月。这天,妈妈接到宿管老师打来的电话。原来,负责任的宿管老师发现可迪总是独来独往,出于关心,想问问孩子是不是有什么心事。她叮嘱可迪妈妈,孩子毕竟刚刚升高一,或许不适应新的学习环境,需要家长多加观望。听到这里,妈妈松了口气,因为这对可迪来说太正常了。

可迪内敛安静,从小到大,好朋友总共不超过3个。为了帮助可迪拓展朋友圈,妈妈每年都费尽心思为她张罗生日聚会,邀请她的同学来家里玩,但最后往往都是父母作陪,可迪说话不多。妈妈还鼓励可迪参加校合唱团、书画社,甚至说服她去跳健美操,可迪也没拒绝,但上课归上课,课下依然一个人独来独往。

不仅如此,可迪在进入幼儿园、小学和初中的第一年,都出现过较长一段时间的自我封闭期,直到慢慢熟悉环境,才会逐渐松弛下来。所以,可迪目前的表现符合她之前的特征,妈妈并不是很担心。但妈妈发愁的是未来,甚至产生了孩子是不是患上了社交恐惧症的担忧。

1. 孩子自我封闭的三大原因

首先,我要肯定地说,并不是每一个看上去内敛安静的孩子都有社交恐惧症。排除病理原因,孩子呈现出自我封闭的表现通常有三种可能。

第一种与孩子的个性有关。这是由大脑前额叶区右脑决定的。这个脑区掌管着一个人的人际智能。具体来说,包含两个方面,一个是趋避特性,另一个是乐观自在。在趋避特性中,趋是向前,避是后退。趋避特性强有两层含义,一层是目标感强,争强好胜,内心不服输;另一层是注重人际关系,希望得到他人的关注。乐观自在也有两层含义,一层是指一个人总是能够让自己开心,能够善意地看待其他的人和事;另一层是指碰到困难时能够快速缓解,让自己迅速恢复状态。

通常来说,如果孩子"趋"的能力更强,他会比较乐观,更喜欢与人产生互动,并从与他人的交流中获得相关信息,从而体会喜悦感和成就感,在他们的内心,人重于事;与之相反,如果孩子像可迪一样,专注保守,不太合群,碰到问题时容易先想负面,在生活中也不希望被关注,在他们的内心,事比人更重要,自然也就呈现出一些"社交恐惧症"的特征。

第二种与原生家庭有关,比如全职妈妈或老人独自带孩子,社交范围狭小,如果家人性格又比较孤僻或过于强势,那么在这种环境下长大的孩子就容易社交能力不足,而且本人的社交意愿也不会很强。因为孩子长期处于单纯的社交环境中,潜意识会对社交感到陌生。出现社交场景时,潜意识无法转化成敏锐的社交反应。独处是他们更为熟悉的状态,所以在潜意识的影响下,这类孩子会越来越愿意选择独处。

第三种与游戏和电子产品有关。这也是现代社会最大的问题之一。人的能力是需要被训练的,如果孩子在成长的过程中,训练时间的比重出现失调,也就是训练玩游戏的时间多于训练和人相处的时间时,他就会对玩游戏更为熟悉。那么,随着年龄的增长,孩子就会本能地选择前者。

2. 帮助孩子构建更强的社交能力

人的发展是综合且多变的,如果父母发现孩子没有那么善于人际交往,也不要轻易判断孩子就是得了社交恐惧症。但考虑到人际智能会成为孩子未来的重要助推器,父母也要注意帮助孩子构建更强的社交能力。

(1) 尊重孩子的先天特点

对人际智能较弱的孩子,父母不应简单粗暴地强迫他们变成社交能手,不必要求他们分享自己的物品或当众表演。当他们在陌生的环境下有紧张不适感时,父母一定要拥抱、陪伴他们,以及通过温暖有力的语言,向孩子传递对他们的理解和支持。父母发自内心的接纳和鼓励,会让孩子感到心安。

在学习上，尽量帮孩子选择一贯制的学校。如果实在需要给孩子转学，建议提前和孩子一起去参观新学校。如果要出国留学，最好带孩子提前去目的地小住一段时间，并通过插班学习或参加冬、夏令营等方式，让孩子先对新的学习环境有所体验后，再正式开启新的阶段。总之，对人际智能较弱的孩子来说，猛然进入新的环境是极不友好的，他们在一个熟悉的环境下待得越久，就越能展现自身的优势。

（2）刻意培养孩子善于社交的潜意识

如果主要抚养人本身并不喜欢社交，建议用做计划的方式，把社交变成固定动作。比如每月邀请孩子的同学到家里来玩，把全家每人每年的生日都办成聚会，邀请朋友参与；开学时，帮助孩子给同班同学准备小礼物等。运用这些手段，可以在孩子的潜意识中积累更多与社交有关的经历，孩子也会逐渐因为熟悉社会而变得交往自然。

在这方面，我自己就是个典型的案例。我的人际智能本不突出，但是父母从我小的时候就很重视培养我在这方面的能力。核心方法有两个，一是以身作则。我父亲是个人际智能极强的人，朋友遍天下，所以我家一直高朋满座，他也喜欢带我一起参加各种聚会，让我先从自己熟悉的人和环境开始适应社交生活。二是长途旅行。从两岁到十八岁，我在父母的带领下每年都进行一次长途旅行，走过了大江南北。旅途中不断更换的场景，不断接触的新鲜人和事，花样百出的各地小吃，让我变成了一个乐观、活泼、大方的孩子。

（3）电子产品的使用拖到最晚、用到最少

关于电子产品的使用，我的态度非常鲜明，在这个方面，拖到最晚、用到最少，是父母必须秉承的八字方针。一方面，父母要以身作则，在和孩子对话时，务必让手机远离视线，绝不可一边用手机，一边和孩子交流；另一方面，多带孩子参加户外运动，户外运动可以有效地替代游戏，给孩子带来身心上的双重收获。

总之，当父母发现孩子看上去社交能力很差时，不要慌张也不要放任自流，要先分析孩子属于哪种情况，再有针对性地采取辅助措施帮助孩子建立社交圈子。

天赋Tips

有些人的社交恐惧实际上是对更高品质社交的一种追求。尤其是青春期的孩子,已经懵懵懂懂地产生了自己的价值观,对朋友的选择有了自己的标准,有些成年人的社交场合,或者父母安排的聚会,他们不愿意再配合。"道不同不相为谋"在他们身上体现得淋漓尽致。

还有一种可能,就是孩子在某一个方面对自己非常不自信,比如语言表达、相貌身材、学习成绩等,这有可能造成他们在社交场合拘谨、退缩。如果孩子属于这种情况,父母要从帮助孩子建立自信的角度着手发力。

如果孩子"讨厌"老师

短短两个月里,思思连续三次向妈妈提出想转学。起初妈妈没有太在意,直到有一天,思思拒绝去学校,妈妈才意识到问题已经非常严重了。但孩子的理由还是让妈妈不太能接受,原来只是因为她和地理老师"对付"上了。"我一眼都不想再见到地理老师,更不想上他的课,所有和地理相关的事儿都不想听。"

妈妈在家长会上见过这位老师一面。印象中,这位老师40多岁,讲话清晰有理,但几乎没有笑容,也没有像其他老师那样列出表扬名单,只是列出了一系列不足和要求。妈妈的印象中地理老师有些严肃,但她想,这对孩子没有什么坏处。

但通过这次深谈,妈妈才知道,这位老师不仅在课堂上点名批评过思思,而且用语颇伤人心。思思说这还只是小事儿,她最受不了的是,这位老师偏心,对他喜欢的学生和不喜欢的学生,在态度上泾渭分明。在正义感十足的思思眼里,这可是重大问题,所以她更加厌恶地理老师了。

1. 孩子"讨厌"的究竟是什么

与成年人遇事会进行理性分析不同,在感性的孩子眼里,老师和他所教授的学科是一体的。有的孩子会因为喜欢某一位老师,而对某一科格外努力。同样,也有孩子因为不喜欢某一位老师而讨厌相关学科,轻则成绩下降,重则严重偏科。

而引发师生矛盾的普遍因素之一是老师的表达方式。青春期的孩子渴望像成年人一样,被平等看待,意见得到尊重。尤其是大脑颞叶区先天发达的孩子,听力极为敏锐，对他人的表达内容以及语音、语调都有很强的感知力。如果老师言语比较刻薄，否定多，表扬少，语气轻蔑，孩子就会将老师的评价理解为对自己的不认同、不喜欢、不尊重，因此从内心深处产生抗拒。

还有一些孩子的大脑前额叶区左脑发达，具有极强的使命感和责任感。他们注重公平，但实际上，身处青春期的他们尚在价值观形成的过程中，还没学会多角度地观察问题和分析问题。有时他们会只凭表面现象或单维信息就对老师进行评判，认为老师对学生没有做到一视同仁，或者委屈学生，因而感到"不平"，讨厌老师。

进入青春期之后，孩子的群体意识萌发，也会引发对老师强烈的爱恨之情。这是因为他们喜欢在思想上结成同盟，在小团体内寻求认同。很多时候，一个班的大多数孩子喜欢某一位老师，其他孩子也会跟着喜欢；而如果哪位老师批评了自己的好朋友，出于义气，小团体中的其他人也会义愤填膺，集体排斥这位老师。

除了以上三种常见情况，父母或其他家人的评价也会在潜移默化中影响孩子的判断。有的父母闲谈中无意识地对老师评头论足，孩子会在不知不觉间受到影响。当和老师产生一些小摩擦时，就会出现强烈的情绪反应。可以说，这种所谓的"讨厌"并非发自孩子的本心。

2. 抓住模拟演练的好机会

学校也是社会的缩影，不可避免地会出现这样那样的人际往来。发现孩子抵触老师时，父母与其和孩子"同仇敌忾"，急于给孩子转学，不如换个思路，抓住这个难得的机会，引导孩子如何与自己不喜欢的人相处。毕竟，孩子未来走向社会，会面临更复杂的人际关系，和不喜欢的人相处也许不可避免，而现在恰恰是一次模拟"演练"的好机会。

当然，对不同情况引发的"讨厌"，父母也要对应使用不同的方法帮助孩子摆脱困境。

（1）面对听觉敏感的孩子

如果发现孩子是因为太在意老师的评价而对老师产生负面印象，我建议父母带孩子进行对话演练，再现孩子和老师对话的过程，然后分析老师的话中有没有其他含义。孩子没有办法改变自己敏感的生理特点，但他可以了解到语音以外更多的含义。通过父母的拆解和开解，孩子不再简单地凭本能反应来评价老师，"讨厌"自然也就解除了。

此外，听觉是把"双刃剑"，听觉敏感的孩子对批评敏感，对表扬也敏感。如果父母可以和老师直接沟通，讲清楚孩子的特点，建议老师在日常交流中多一点儿表扬，少一点儿批评，会更见成效。因为集体教学的老师往往无暇顾及太多的细节，父母主动提供信息后，也许老师只需刻意表扬孩子几次，孩子的感受就会逆转。

（2）面对追求"公平正义"的孩子

如果父母发现孩子最在意的点是"公平"，那就赶快让孩子在家里当"家长"，承担起责任。如果有机会，那就大力鼓励孩子争取在学校当班干部。只有亲自当家，操心各人喜好，亲自去组织活动、调配资源，孩子才能直观感受什么是众口难调，从而学会从更广阔的视角看待问题，而非钻在牛角尖里狭隘地定义"公平"。

（3）面对受群体意识影响的孩子

如果孩子对老师的"讨厌"主要是受小群体的影响，那父母的当务之急是引导孩子有主见地看待问题。当然，孩子重视朋友不是错，父母要予以认可。但对与错的标准、合理与不合理的界限，是需要父母引导孩子进行充分探讨的。探讨的过程就是训练孩子独立思考的过程，唯有经历这一过程，孩子才能形成独立的价值观和判断能力，理解什么是真仗义，什么是幼稚。

总之要记住，孩子在生活和学习中遇到的每一次危机，都是父母展开教育的机会。

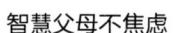

天赋 Tips

此外，父母还要格外注意自己的言行，重点是避免两个方面的错误。

一是听到孩子说老师不好，马上制止孩子，扛出尊师重道的大旗，对孩子进行批评教育。这往往不能说服孩子，还有可能引发孩子更大的反感。

二是"护犊子"。听到孩子单方面的描述，就坚定地站在孩子的角度，不分青红皂白地诋毁老师、抨击学校，使情况更糟糕。

教会孩子如何更全面地了解信息，如何从正、反两个方面评价一件事情、一个人，如何进行独立的思考和判断，并最终确定解决方案，才是父母的职责所在。

你的孩子是霸凌者还是被霸凌者

近几年来，校园霸凌越来越受到人们的关注，也引发了父母的普遍担忧。在受霸凌的孩子被普遍关注的同时，"霸凌现象"也让更多人意识到家庭教育的重要性。

亦芃就是其中之一。亦芃在爸爸妈妈眼中一向优秀，尤其是妈妈，几乎把朋友圈变成了"亦芃专场"：运动场上的精彩瞬间、充满个性的艺术作品、整洁又漂亮的一手好字……这些都成为妈妈炫耀儿子的素材，每发一条都能引起亲朋好友的大串点赞。

有一天，妈妈突然接到学校的通知，亦芃涉及一起校园霸凌事件，需请父母立刻到校沟通。爸爸妈妈担心亦芃被欺负了，急急忙忙地赶了过去。到了学校才发现，亦芃居然是霸凌者，而且是霸凌小团体的领头，好几个孩子都听他的指挥。在调解现场，爸爸妈妈看到了儿子的另一面。面对被霸凌者的哭诉，亦芃一脸的冷漠，没有丝毫的愧疚之情。面对爸爸妈妈的询问，他也回答得振振有词，一句"我在家犯错时，你们不也打过我吗"，这让爸爸妈妈呆立当场，久久无法回应。

1. 亲密关系的可怕投射

其实，真正有暴力倾向的孩子是极个别的。无论是被霸凌还是霸凌，都更像是一种亲密关系的投射。

被霸凌的孩子，往往父母中至少有一方是极为强势的。一旦孩子犯错，轻则动嘴，重则动手，导致孩子长期生活在恐惧之中。在这种家庭环境中长大的孩子，潜意识里形成了一种结论：犯错就应该被打。在这种潜意识的推动下当遇到霸凌时，他们往往会逆来顺受，缺乏反抗精神。

还有一类孩子，虽然并不一定经常被打骂，但当他犯错误时，父母常用冷暴力的方式给予惩罚。这会让孩子在不知不觉中形成迎合型人格，凡事主动顺从父母，发生冲突时，习惯从自己的身上寻找原因。他们总认为是自己做得不够好，才会让父母生气，所以会更加努力地讨好父母。这种模式一旦固化，在校园中碰到强势的人，他们也会迎合对方，期望让对方感到满意。

同样，霸凌者也多由不健康的亲子关系所催生。最常见的情况是，家中几代人都以孩子为中心，对孩子有求必应，无原则性地袒护。时间久了，孩子形成了自私、自利的性格，不会换位思考，而是坚信："全世界都应该围着我转，任何人都不能忤逆我。"

值得注意的是，霸凌者也有可能来自"被霸凌"。而"霸凌"他的正是他自己的父母。比如亦芃，他在人前所表现出来的优秀，是父母严苛管理的结果。亦芃的父母信奉"棍棒底下出人才"，只要亦芃达不到父母的要求，就有可能挨打。哪怕亦芃已是一名初中生了，身高也早已超过妈妈，爸爸还是经常以长辈的身份去压制孩子。亦芃在学校调解室里发出的那句质问，正是对其父母最强烈的反抗。

2. 从自我矫正开始

由此可见，无论孩子是被霸凌者，还是霸凌者，源头往往都出自家庭。也因此，发生类似的现象时，父母首先要改变的或许不是孩子，而是自己。

（1）一日三省吾身

父母首先要学会审视，当自己在面对孩子时，是否存在长期言语不当甚至打骂的情况。面对父母的打骂，有些孩子虽然看上去并无激烈反应，甚至表现得乖巧、顺从，但这不代表孩子的内心没有怨气。日积月累的不满，最有可能在青春期以其他形式爆发出来。当孩子不能反击父母时，就有可能采取替代的手段，伤害比他更弱小的孩子。

很多父母认为，对孩子严格，是对孩子的爱与期待，但有些父母忽略了爱是一种能力，也是需要刻意学习的。比如，有的父母总喜欢和孩子说反话，习惯用嘲笑、挖苦的方式，错将"激将"当成"激励"。如果各位父母发现自己有这样类似的问题，一定要立刻改正。为人父母无须持证上岗，但一日三省吾身依然是非常有必要的。

（2）如果家里有个"小霸王"

如果孩子是因为长期在家里恃宠而骄，因霸道而霸凌，父母则要从改变孩子的霸道开始。引导孩子常怀感恩之心，有利于孩子改正自私、自利的处理风格，学会正视他人。

延迟满足感训练就是一个很好的着手点。在孩子提出某些需求时，不必立刻答应，而是先与孩子沟通满足需求的难易程度，预计要花费的时间和其他代价，包括需要别人为此付出怎样的努力等。在满足孩子的需求后，要明确要求孩子向提供者表达感谢。这套完整的流程，有助于训练孩子认清真实的生活，学会体谅别人，而不是任意妄为。

（3）面对优柔寡断的孩子

这类孩子一旦遇上霸凌者，容易处于下风，从而去讨好对方。如果发现孩子有这种特质，父母需要格外重视训练孩子，引导他形成自己的主见。

现实生活中，孩子越是优柔寡断，父母越容易代为选择。实则应该倒过来，对这类孩子，父母应刻意创造各类机会，让孩子自己做出选择，可以从吃什么、用什么、玩什么这种小事开始。父母要注意，无论孩子做出什么选择，都要做到不评论、不批评、不干涉，还要表达出认可。如果孩子确有失误，也要在事后重新复盘，并且仍然要秉承不打击孩子积极性的原则，让孩子在选择中养成独立自主的性格。

（4）让孩子勇敢说"不"

父母一定要记住，如果你在和孩子沟通时，完全压制住了孩子，那绝对不是一件好事。如果孩子不能在与父母的争论中形成自己的表达能力，就会在与别人的沟通中同样受挫。所以一定要鼓励孩子大声说出自己的想法，哪怕是反对父母，也可以勇敢地说出自己的理由。只有拥有了这种勇于说"不"的能力，孩子在面对霸凌者时，才能敢于抗争。

天赋 Tips

　　还有特别重要的一条，就是父母一定要坚定地传递给孩子一个信念：任何事情都可以和父母讲。如果被霸凌了，父母一定会保护你；如果你犯错，霸凌了别人，父母一定会陪你去共同面对这个错误。

　　亲子之间一定要构筑起牢固的信任关系，身为父母，千万不可因自己的虚荣心或好胜心而把孩子推出门外。当孩子不敢跟父母讲真话的时候，往往也是隐患开始生根的时候。

附4：社交潜能自查简表

如果您的孩子在社交上呈现出以下特征，证明孩子在相关方面具有较强的天赋潜能。

自制能力/自省能力	自尊心强；责任感强，注重公平；和别人发生争执时能从自身找原因
趋避特性/乐观自在	常常面带笑容；爱交朋友，人缘好；愿意成为全场瞩目的焦点
逻辑思维/语言模仿	日常生活中爱聊天；善于模仿他人说话；说话一套一套的，喜欢说服别人
想象创新/空间统合	特别守时；是朋友中的"点子大王"；想象力超过语言表达能力，俗称嘴跟不上脑子
肌肉耐力/肢体操控	动作麻利；勇敢，愿意承担责任；是朋友中的精神支柱
体知觉力/肢体语言	为人善良；乐于助人；同理心强，是朋友中的解语花
语言听力/听觉记忆	沟通直率坦诚；特别在意沟通效率；注重承诺、言出必行
辨音听力/关联记忆	音乐鉴赏能力强；表达委婉，友善客气；敏感细腻，善于听出别人的弦外之音
视觉辨识/图像记忆	注重环境的整齐干净；喜欢用礼物表达心意；做事细致入微、认真严谨
美感体认/快速阅读	注重仪表；审美能力强；善于察言观色

五、规划篇：
智慧父母如何懂规划

天赋教育主张的规划步骤和方法如下：

步骤一：规划需分类。

按时间长短进行规划，规划分远期、中期和短期。其中最容易被人忽略的就是远期规划。父母对孩子的爱是一生的，但影响是短暂的。通常来说，在孩子28岁以后，父母的影响力就几乎为零了。为长远计，父母做规划还应该是立体的，既要有学习、社交、亲子沟通方面的规划，也要有专业、职业的规划。

步骤二：规划要落地。

规划首先要靠充分的想象，描绘出对未来发展的愿景，当然这是右脑发挥的力量。而具体的规划落地，靠的则是逻辑推理能力、数据计算和执行能力,这是左脑发挥的力量。有了目标,还要设计好路径。只有将规划落地为时间划分、资源分配、训练数量和里程碑等,细致而具体,规划中的愿景才有可能照进现实。

如何让孩子的目标成为自己的而不是父母的

有句话说得好:"有目标的孩子在奔跑,没目标的孩子在流浪。"青春期的孩子,学习上最重要的目标当然是中考和高考,而围绕升学目标,父母常常要和孩子展开长期的拉锯战。

小熊家就是这样。小熊初中就读的学校属于当地的第二梯队,也有自己的高中部。成绩不错的小熊升本校高中比较有把握,而且他还担任班委,和同学相处得较好,所以小熊想安于现状,不想折腾。但小熊父母不这么认为,他们觉得以小熊的成绩完全可以冲击更好的高中。毕竟,升入更好的高中,高考时的优势才更大。

所以,从小熊的初二下学期开始,父母就开始多方引导,期待能激发起小熊的斗志,可小熊一直不为所动。最终,这场默默的较量以父母的妥协而告终。

但现在让小熊父母焦躁的是,小熊高二了,在高考目标的设定上,再次重演三年前的情景。父母希望小熊跳一跳,而他却坚决不踮脚。小熊私下告诉我,一方面,他不想拼得太累,他有把握上个普通的大学;另一方面,冲击顶级大学有一定的风险,他担心万一没能如愿,连现在的目标大学也不一定能进去。

1. 两种不同的决策者类型

确定合理的目标,是做好孩子成长规划的第一要务。但目标的制定过程非常有讲究,谁来提出目标,如何分解目标,到达目标的路径是什么,必备的资源在哪里,都是制定目标时必须考虑的要素。

换言之,目标感并不只是简单地制定目标,而是一个人集中全部的力量,调动一切可用的资源,投入与目标有关的一系列活动之中,认真学习实现目标所需要的技能，进而达成所愿。美国斯坦福大学教育系教授，同时也是斯坦福大学青少年研究中心主任威廉·戴蒙（William Damon）在一次研究中发现：有目标感的孩子通常在青春期不容易叛逆，因为有明确的追求，他们在求学及职业生涯中，更容易取得成功。

可是，青春期的孩子身形趋于成年人，思想却依然停留在少年期，因此做决策的时候常常出于本能的感受。但青春期也恰恰是训练孩子设定目标的最佳时期，因为从此刻开始，孩子的大脑前后额叶区进入蓬勃发展阶段，会推动他在决策上逐步学会系统思考，进而形成自己的决策风格。所以，对父母来说，在这一阶段，如何引导孩子设定目标，并激发孩子的行动力，是毋庸置疑的教育重点，同时也是训练的难点。

我们要知道，大脑做决策是遵循科学原理的。人的大脑额叶区分为前、后两个部分，前额叶区主管一个人的精神功能，体现为目标感、好胜心和自控力的强弱；后额叶区则决定了一个人的计划性、逻辑思维能力和想象创新力的强弱。由于每个人的大脑发展各不相同，不同的孩子在做决策的时候，动力来源也不一样，如图5-1所示。

图5-1　不同决策者的对比示意图

前额叶区相对发达的孩子，我们可以将其称为主动型决策者，他们特别重视梦想、愿景、蓝图、未来，更容易被外界所影响。这个影响力来源广泛，可能是榜样的激励、自身成功的喜悦、团队作战的鼓舞，也可能是氛围感染。总之，一旦内心的渴望被点燃，他们就会成为一个主动的学习者，去积极搜集那些能帮助自己实现目标的渠道和资源。

后额叶区相对发达的孩子，我们可以将其称为构思型决策者，他们通常逻

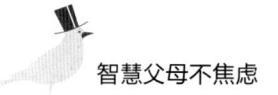

辑缜密、富于理性，不容易受他人影响，在面对选择时，更重视自己的分析与判断。如果他们在决策时能够找到数据做支撑，且达成目标的路径清晰可见，他们就会坚定目标，并不断总结、归纳、反思、复盘，向标杆学习，同时提炼出有效的方法，并以最快的速度取得最终的成果。

2. 基于孩子自身决策类型，推动孩子设立自己的目标

不同的孩子决策类型各有不同，父母要学会因材施教，用不同的方法去帮助孩子设立属于自己的目标，驱动他们主动发展。

（1）判断孩子属于哪种决策类型

为了帮助孩子设立学习目标，最开始要判断孩子属于哪种决策类型。具体的判断依据是，在沟通的过程中，孩子能否被你用一个愿望所激励。如果这个事情并没有发生，但是通过你的描述，孩子很感兴趣，并愿意诉诸行动，证明孩子可能是主动型决策者。但如果孩子在沟通中比较冷静理智，很难被说服，甚至像猫头鹰一样，总是审视你的决定，则很可能属于构思型决策者。

（2）对主动型决策者，让孩子自己确定目标

如果孩子是主动型决策者，父母可以采用的简单方法就是把孩子带到场景中去，比如带孩子去不同类型的大学校园进行参观，让孩子切身体会校园氛围的不同。如果有条件，父母还可以用更多维的方式，比如带孩子和不同行业的朋友交流，参加社会实践等，为他创造不同行业和领域的体验机会，让孩子在此过程中生发出目标，而非通过他人给自己设定目标。唯有目标是自己制定的，孩子才可能自我鞭策，无须扬鞭自奋蹄。

2012年，英国科学家约翰·戈登（John Gurdon）喜获诺贝尔生理学或医学奖。鲜为人知的是，他的经历完美阐释了自己设定目标所带来的强大驱动力量。戈登曾是老师和同学眼中的"蠢蛋"，中学生物老师甚至在写给他的报告中说："我知道戈登想成为科学家，但以他目前的学业表现，这个想法很荒谬……"但戈登并没有因此而沉沦，他先是转去研读英国古典文学，后又获准转学动物学，相继成为牛津大学的博士、美国加州理工学院的博士后，最终实现了自己的梦想。

（3）对构思型决策者，父母要助其一臂之力

如果孩子是构思型决策者，父母需要谨记的是，一定要重视孩子的思考，与孩子一起分析目标的构成，及达成目标的路径，这才是可行之道。

以设定考学目标为例，父母可以和孩子一起计算现在的成绩与目标成绩之间的差距，再将差距分解到每科上，然后共同梳理如何取得这些分值。总体来说，路径要明确，方法要具体，而且要以孩子的认可为前提。在后续的目标落实过程中，父母还需要陪伴孩子持续做复盘。因为构思型决策者，一旦在复盘时出现偏差，在逻辑推论中认为此路不通，就有可能放弃。这时就需要父母凭借丰富的人生经验，为他提供更多的工具和资源。

天赋 Tips

父母不仅要判断孩子是哪种类型的决策者，也要搞清楚自己是哪种类型的。如果父母属于主动型决策者，那么他们通常目标远大，易冲动，且较为主观，在面对孩子时也比较容易强力地推进自己的意见，不愿意倾听孩子的想法。这类父母要格外注意不能太过强势、太过武断，更不能认为孩子不采纳自己的意见就是不懂事。

父母如果是构思型决策者，就容易显得过于冷静甚至冷漠，面对孩子的想法总要以审慎的态度去回应，还美其名曰为孩子负责。这很容易浇灭孩子的热情。这类父母要把自己变成孩子的军师，通过自己理智的分析助孩子一臂之力，而不是证明孩子的错误。

有了榜样，就有了力量

在爸爸的影响下，小园从七岁就开始练乒乓球，虽然坚持了整整两年，进步却并不明显。教练说孩子很有天赋，动作标准，一学就会。可爸爸观察小园发现，他在训练时从不主动，赛前也毫无兴奋感。所以他对教练的话半信半疑，犹豫还要不要支持小园继续训练，毕竟学乒乓球的孩子很多，竞争极其激烈。

受小园爸爸所托，我和小园做了一次深度沟通。观察下来，小园在乒乓球运动上的确有天赋，但关键问题在于目标不清晰。正因为本身具有天赋，学起来并不痛苦，小园才能坚持学两年，但因为缺乏明确的目标和规划，他没有找到练习乒乓球的意义和价值所在，所以不愿意付出更多的努力，效果自然不佳。

接下来的两年，爸爸听从我的建议，将重点放到引导孩子找寻练习乒乓球的榜样上。他先是带小园大量观摩顶级比赛的视频资料，发现小园非常喜欢某运动员后，又为孩子四处寻找该运动员的报道、签名物品等。事后证明，此举成效显著，进入青春期的小园逐渐改变心态，体现出越来越强的进取心，训练积极，成绩突飞猛进，在各项大赛中崭露头角。

1. 榜样让孩子的目标更具象

在引导青春期的孩子形成目标感的过程中，榜样的作用是非常重要的，榜样能让孩子的目标更具象。自青春期起，大脑的前后额叶区开始迅猛发展。其中，前额叶区主导孩子的自律性和目标感，后额叶区决定孩子的逻辑思维能力和创新能力。青春期之前，孩子可以在父母的推动和督促下完成一项任务，但从青春期开始，孩子的意识状态发生巨大转变，会主动思考做这件事情是不是符合"我"的兴趣和未来的发展方向，并对其价值进行思辨。如果不能将这件事情纳入自己的发展愿景，孩子就会有消极抵抗的情绪，或者主动放弃。相反，一旦认识到这件事情对自己的重要性，孩子的自律性和目标感就会推动他主动想办法，创新性地取得更好的成果。

所以，在这一阶段，父母要着重激活孩子的内在力量。如果孩子的内在力量不够强大，不曾被理想之光所照亮，没有发展出更深层的思考能力，就会转而向外在寻找肯定和认可，就有可能陷入网络游戏等泥潭。

要特别强调的是，父母眼里再"佛系"的孩子，内心都有属于自己的梦想，只是强度不同、动力不一而已。有些被父母评价为"不思进取"的孩子，并非没有进步的意愿，而是在面对父母制定的目标时有些不知所措。父母作为成年人，具有系统的思考能力，掌握的信息更为全面，因此在制定孩子的发展路径时，往往已经经过审慎的考虑，并且有相应的策略做支撑。但孩子不同，他们尚不具备这一能力，如果父母未和孩子做充分沟通，就突然将要求列举出来，很多孩子的第一反应就是拒绝。所以，父母千万不要以自己的标准去给孩子贴标签，更不能不分场合、不分对象地说孩子没有进取心。

2. 什么样的榜样对青春期的孩子最有效

榜样对青春期孩子的重要性不言而喻，那么，什么样的榜样对青春期的孩子最有效呢？

（1）和孩子有相关度

有相关度才能形成自然的连接。比如，孩子喜欢运动，那体育健将的魅力就不可阻挡；孩子喜欢阅读，作家、主持人等都有可能成为他的偶像；孩子喜欢科学实验，则容易以科学家为榜样。这就要求父母尊重孩子的兴趣爱好，甚至要像小园的爸爸一样，陪伴并配合孩子"追星"，在这一过程中，引导孩子将关注点聚焦在榜样的品格和行为上。

（2）有一点儿距离的榜样会更好

所谓距离产生美，对孩子来说，有距离才能有幻想空间。父母作为孩子最亲密的陪伴者，其想法和招数很难给青春期的孩子带来新鲜感。当然，也不排除有些父母本身非常优秀，在孩子小的时候，他们就是孩子心目中的偶像。但要注意的是，有些父母会不断强调自己的能力，以此激发孩子超越自己，可实际上会适得其反。在日复一日的追赶中，孩子会感觉自己永远也不可能超越父母，反而会失去动力。随着孩子的成长，在这一类型的家庭中，父母就应该弱化自己的榜样力量。

一个有距离感的"偶像"，无论是运动健将，还是行业翘楚，或是孩子喜欢的老师等，都会给孩子带来不同的体验。父母可以主动创造一些机会，让孩子接触更多优秀的人，并让孩子从其身上汲取更多的智慧，获得些许借鉴。

（3）只要能给孩子带来力量，榜样并不拘泥于真人

对青春期的孩子来说，榜样之所以格外重要，和孩子的想象力发展也有关联。榜样的成就光环和其呈现出的精神力量会让孩子产生憧憬，孩子会在脑海中幻想如果自己能有同等的成就，就能像榜样一样充满魅力。换言之，这种由想象力引发的梦想，会构成孩子的驱动力，真实地激发孩子向榜样靠拢，向目标进发。

所以，榜样只要存在于想象的空间中即可，未必是真人，甚至未必是具体的。有的孩子会以影视作品中的英雄作为自己的榜样，有的孩子以历史人物比如诸葛亮作为自己的偶像，还有的孩子以文学和诗歌作为力量的源泉。有个女孩就对我说过，当她处于青春期的迷茫与狂躁之中时，犹如暗夜中的明灯般指引着她前行的，不是某个现实中的人，而是那些背过的古诗词，尤其是那些诗词中描绘的理想图景。

天赋 Tips

榜样的寻找需要孩子自己来做，而不是父母包办。而且，在孩子寻找榜样的过程中，父母一定要注意，不要给孩子设定过高的目标。大多数父母望子成龙、望女成凤，心气总比孩子高。而孩子面对过高目标时，要么会通过铺垫给自己留后路以求自保；要么会因差距过大而望而却步，索性在行为上"躺平"。最为可惜的是，有些孩子原本是有目标的，但会因达不到父母的目标而放弃努力。

由孩子内心生发出的目标和真正打动孩子的榜样，才能激发孩子产生强大的内驱力。

打开眼界，才能看见未来

去年秋天，18岁的程昊终于如愿以偿，以新生的身份再次走进了北京大学的校园。他还记得，上一次来这里还是在中考结束后。那时的自己像长不大的孩子似的，对于设定目标这件事懵懵懂懂，每次父母和他探讨未来的发展目标，他总会敷衍了事："你们定就行。"而一旦父母定了发展目标，他又觉得不可能实现。生活上如此，学习上亦是如此。

好在初三那年，在父母的强势干预下，程昊逆势突袭，考上了一所不错的高中。为了奖励他，父母特意在暑假期间带他到北京旅游，并专程带他去北京大学参观。

令人欣慰的是，父母的苦心没有白费。在北京大学的校园里，程昊体会到了强烈的文化氛围，了解到了北京大学更多的历史，他第一次觉得，其实自己也可以离这所名校更近一些。正是从那时起，他暗下决定，将高考目标设定为北京大学。返程后，程昊主动让妈妈帮他购买数学学习资料，并且做好了学习计划表。在接下来的时间里，他学习动力强劲，成绩也开始节节攀升，并于三年后达成所愿。

1. 打开眼界，才能打开认知

"读万卷书，行万里路"，自古以来就是备受人们推崇的人生理念。其意为既要通过阅读拓宽视野，又要通过身体力行，敞开心胸，打开眼界，去探索包罗万象的世界。对青春期的孩子来说，打开眼界更是重中之重。此时的孩子逻辑思维能力进入快速发展时期，面对事物，他开始根据自己的方法和标准做出判断，父母想通过单纯的描述或口头激励让孩子对未来产生向往，已收效甚微。

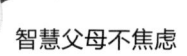

认知能力是一个人的核心竞争力。认知即人对世界万事万物的看法。一个人要取得突破，重在打开认知，而眼界正是决定认知的重要因素之一，对青春期的孩子来说尤其如此。

打开认知通常有四种途径：看到、听到、体验到以及悟到。其中，"悟到"有赖于前三者的大量积淀，形成时间最晚。对大多数的孩子来说，"悟到"在青春期到来之前尚无从谈起。尚未进入青春期的孩子，因为行动范围通常不大、环境单一，所以看到、听到和体验到的往往也相对简单。

但作为成年人的父母就不一样。经过了长达几十年的学习、职场、婚姻历程，形成了自己的经验体系。当谈到未来发展、工作机会、财富积累、人际社交等概念时，父母有较为完整的认知，可孩子却对此一无所知，对孩子来说，这只是一个个空洞的名词，无论父母描述得多么生动，讲述得多么苦口婆心，孩子也很难真正体会到，谁又会为自己毫无感知的事情付出艰辛努力呢？

所以说，父母无法和孩子形成统一认知，是因为孩子的未来在父母的眼中是具象的，在孩子自己眼中却是抽象的。唯有为孩子打开眼界，让孩子亲眼看到他此前没有见到过的场景，亲耳听到全新的内容，或者体验到未曾体验过的生活，孩子才有可能感悟到生活的多样性，从而因感受到的不同而改变现在的认知，将曾经抽象的概念与自己的实际生活联系起来，生发出努力的动力。

2. 眼界不止是表层的"看到"

孩子打开眼界的过程，是将抽象概念落地为具体行动的过程。从宽泛的角度看，这有赖于对多维生活进行模拟和体验，只有这样，才能让孩子的视角与父母的视角一致，让孩子的感受与父母的感受趋同。

但需要明确的是，眼界不止是表层的"看到"。

（1）从看到的层面，不仅要看到更好，还要看到不同

在和大量青春期孩子的父母交流的过程中，我总是不遗余力地倡导父母带孩子去孤儿院、敬老院、流浪动物收容所做义工，或者去山林、海滩捡垃圾，做环保实践。因为只有在看到这些与日常美好生活不同的场景时，孩子才能感受到自己安逸舒适的生活得来不易。

同时，父母还要注意，在打开孩子物理世界的同时，也不要忽略打开孩子的阅读眼界。如果家里有高中生，父母要引导孩子阅读与目标专业相关的书籍，增加科技方面或者理念前沿的经典读物，这是扩充孩子知识结构，打开其思维宽度的最快途径。

（2）从听到的层面，不仅要听鼓励，还要听到更多元的声音

孩子不能一直活在真空世界中，一点抗打击能力都没有。适度的负面评价就像疫苗一样，能够让孩子产生抗体。更何况，世界本身就是多元的，并不是非此即彼，而是有着诸多客观的存在。所以，我会鼓励父母让年龄稍小的孩子去跳蚤市场，大孩子则可以参加城市挑战赛，通过与他人的多层次互动，倾听一些可能不够友好的声音。这是孩子在家庭和学校生活中未必有机会听到的。

3. 从体验的层面，不仅要享受生活的舒适，也要付出相应的努力

孩子在未来生活中需要面对诸多的社会关系，要成为一名合格的"社会人"，不但需要掌握基本的社交礼仪，更重要的是，要学会与他人相处与合作，拥有感恩之心和责任感。

我经常建议父母，在假期里用一周的时间，让孩子负责家庭时间规划和经济计划，让他真正感受到为买菜做饭犯难，为家务劳动所累。只有当孩子更真实地去体验未来可能身处的场景时，他才能够理解为何要珍惜他人的劳动成果，为何要集体协作。这是让孩子脚踏实地地走向未来的过程，也是孩子打开视野的过程。

天赋 Tips

在家庭之外，游历世界也是一种重要的体验形式。孩子在游历中，用脚步完成对世界的探究，给予渴望连接外面世界的青春期的孩子更多的行动指引和精神力量。

我就格外注重这一点。女儿从两岁起就跟随我环球旅行，到小学毕业时，已经去过二十余个国家和地区。在此过程中，她不但养成了极强的生活自理能力，而且见多识广，对事物的认知和理解有时会超出我的预期，让我特别惊喜。

能做好自我管理，就能过好青春期

自从浩明上了初中，他的手机简直成了家里所有矛盾的焦点。

和很多家庭一样，浩明的父母工作忙，平时只有老人陪伴孩子。如今学生的很多作业都需要通过手机来完成，老人不会操作，父母只好给浩明配了智能手机。为保险起见，妈妈从一开始就和浩明约法三章，对手机的使用频率、使用时间都做了明确约定，还给手机设置了时间控制。

刚开始，浩明还严格按照约定执行，妈妈悬着的心也因此落下了。但好景不长，聪明的浩明破解了屏保的密码，在规定时间之外也玩得不亦乐乎。不过经过和妈妈深谈，浩明也意识到了自己的错误，并且郑重其事地写下了保证书。看起来危机似乎解除了。

可是，一个多月后，妈妈发现浩明成绩下降得厉害，早晨起床后还常常哈欠连天，这才发现他几乎每天晚上都在用手机打游戏，最长的一次竟然连续打了四个小时。虽然这回妈妈大发雷霆，想没收浩明的手机，但碍于学习需求没法实现。

现在浩明已经上初二了，浩明家关于手机的拉锯战依然在进行中，尚无解决方案。

1. 决定自我管理的精神力量

手机困境其实是孩子自我管理问题的一个典型代表，而自我管理能力则是一个人在实现目标的过程中所必须具备的能力。这个能力由两方面构成，一方面是动机，也就是精神力量；另一方面是习惯，也就是行为力量。绝大多数父母都比较在意孩子的行为习惯，但其实，精神力量才是决定性的。

从天赋优势的角度看，自我管理的精神力量主要和大脑的前额叶区有关。前额叶区左脑主导着一个人的自我管理能力，右脑则掌管着一个人的目标感。有些孩子的前额叶区左脑发展相对较弱，自律能力发展缓慢。有些孩子虽然前额叶区左脑发达，但由于前额叶区右脑发展相对较弱，也就是目标感不强，同样也管不住自己。这是因为目标感的背后是争强好胜的心态以及自驱力。当目标不清晰时，孩子往往会很"佛系"，面对学习的辛苦和玩耍的轻松，他心中的天平自然会向后者倾斜。

此外，大脑对信号的处理流程，也决定了一个人能否做到自律。人的大脑分为三大部分，其中，脑干、小脑、脊椎被称为生理脑，也就是神经中枢，负责收集外部的信号。颞叶区、枕叶区、顶叶区被称为情感脑，负责对生理脑传输来的信号进行情感判断，前额叶区及后额叶区则构成思维脑，负责产生目标自我约束并想办法达成目标。

如果情感脑判断这个信号"不好"，就会将其退回到生理脑，这个时候人会产生三种本能反应：第一是逃跑。表现在孩子身上就是，不做作业什么事儿都没有，一做起作业，一会儿要喝水，一会儿要上厕所。第二是抗争。孩子实在躲不掉作业，就开始和父母顶嘴、狡辩。第三是呆若木鸡。父母已经火冒三丈了，孩子却越教越不会。

相反，如果情感脑判断信号是"好的"，就会进一步将其传递到思维脑，也就是前后额叶区。这时孩子才会产生自我驱动的意愿，以及自我管理的控制力。当一件孩子认为"好"的事情进入思维脑之后，他会自己去争取，这也是"好学生"为什么会越来越好的原因。因为"好学生"见到的是老师的和颜悦色，听到的是父母的表扬，体验到的是登台领奖的荣耀。他的视觉、听觉、体觉都在对外界进行正向判断，所以生理脑一旦获取信号便能快速传输到思维脑，孩子的自律性、目标感、行动力全都自发产生了。

2. 提高孩子自控力的两大方法

孩子能做到自我管理，大概是所有父母的共同梦想。实际上，青春期正是孩子前额叶区进入快速发展的转折期，也是孩子真正形成自我管理能力的关键时期。

现在，我们已经知道，这和自律能力、目标感，以及大脑对信号的处理流程有关，接下来只需要"对症下药"即可。

（1）激发目标感

有的孩子先天自律能力偏弱，难以进行自我管理，父母需要从源头考虑，如何激发他树立目标，而不是始终盯着他不自律的问题，不断进行批评。大脑发展是相对的，孩子自律能力弱，意味着大脑前额叶区左脑不发达，但他的前额叶区右脑通常会相对发达，也就是目标感强。这类孩子在内心中不容易服输，树立目标的方法对他们颇有成效，参与竞赛的方法也特别适合他们。

父母可以主动为孩子树立假想敌，或者将自己定位为孩子的竞争对手，两个人各自设定一个自律目标，进行比赛。争强好胜的孩子总是期待夺冠，因此会全力以赴。一旦孩子获胜，父母可以用他特别期待的礼物作为竞赛奖励，大力表扬他的进步，渲染他的成功，让他感到自己是父母的骄傲。这个时候他们往往就会动力十足。

只是父母一定要把握好度，最好从一件小事开始训练，不可面面俱到，目标设定过高。否则当压力过大时，一心想赢的孩子一旦内心评估出自己可能无法获胜，也许就会直接放弃，这也会让父母的计划彻底落空。

（2）"欺骗"情感脑

如果孩子自律能力强，但还是管不住自己，父母就要考虑可能是之前的负面反馈累积导致的，这时父母可以采取"欺骗"情感脑的方法。

既然孩子愿意做一件事情的前提是情感脑判断这个信号是"好"的，那就从此处着手。如果父母想让孩子在哪个方面变得自律，那么每当他做这件事情的时候，父母都要给予语言上的正反馈，适当的时候还可以去拥抱孩子，表达对他的认可。

比如，父母想让孩子好好学习，那么当孩子处于学习状态时，就要面带微笑，即便孩子犯错，也要耐心沟通。这样孩子再碰到学习的指令时，情感脑自然就会判断"这是一件好事"；父母想让孩子学会如何控制手机，那么当孩子能够遵守约定时，父母也要给予正向的鼓励。

需要强调的是，如果孩子没有按约定做到，父母也要以相对平静的方式进行沟通，重新和孩子约定。哪怕要给予惩罚，也要保证适度，切忌大喊大叫，或者动手惩罚。否则会让孩子在情感脑中判断出目前在做的这一件事情是"坏事"，未来再出现类似的问题，孩子在面对父母的询问和交流时，往往就会采取逃避或对抗的策略，再不然就是一句话也不说。

父母只有不断激发孩子的目标感，协助孩子"欺骗"情感脑，才能帮助孩子学会自我管理，从而顺利度过青春期。

天赋 Tips

在"欺骗"情感脑的过程中，很多父母会提出："这不是有违事实吗？"尤其是比较严谨的父母，会认为只有孩子达到了既定目标才应该给予认可，表扬多了，孩子容易骄傲自满。

我并不这么认为。这要看我们评价孩子行为好与坏的基准是什么。如果父母按成年人的标准看，孩子确实做得不够好，但如果对孩子的行为能力进行纵向比较，那这一次比上一次做得哪怕只好一丁点儿，也值得父母认可和表扬。所以这并不是善意的谎言，而是真实的赞美。

做好规划，让孩子的兴趣变特长

小季从小就乖巧机灵，一直是妈妈的骄傲。不过，最近他可是给妈妈出了个大难题。

事情要从小季五岁的时候说起。当时看到邻居、朋友家的孩子都在学钢琴，妈妈也跟风给小季报了钢琴课。尽管小季在钢琴上表现平平，但也坚持了下来，到现在已经快六年了。升入小学三年级时，在妈妈的大力支持下，小季还报名加入了学校乐团，学习演奏单簧管，每周排练两次，有演出时还会加练。此外小季最喜欢的是画画，每天回到家后，都会忍不住画一会儿。

现在问题来了，一转眼小季即将升入六年级，距离小升初越来越近。妈妈希望小季能把更多的时间投入学习上，这就意味着在兴趣方面必须做出取舍。她建议小季保留钢琴，毕竟钢琴已经在时间和金钱上投入了很多。同时，她也有些舍不得学校乐团，因为这个乐团很有名气，曾多次获奖，妈妈觉得小季如果能坚持下去，或许会对未来升学有帮助。但小季最想保留的是画画，他觉得自己在音乐上没有天赋，虽然能跟着训练，但并不享受，因此乐团和钢琴都不想继续了。

1. 特长=天赋×刻意训练

如今父母都很重视孩子的素质培养，很多孩子从幼儿园起，就会同时上多个兴趣班。但不少父母忽视了，兴趣并不等于特长。从兴趣到特长的路，是规划出来的。

与小季一样，随着课业压力的增大，到小学高年级时，很多孩子都面临被迫减课的问题。小季妈妈的看法很典型。不过，我更支持小季，倒不是因为尊重孩子的想法，而是因为，他的选择背后有更科学的原因。

我一向主张，特长=天赋×刻意训练。

先说天赋。目前父母为孩子选择的兴趣班，普遍聚集在六大类上：以英语和国学为代表的语言类，以绘画和书法为代表的书画类，以体能和球类为代表的运动类，以芭蕾和拉丁为主的舞蹈类，以声乐和器乐为主的音乐类，涵盖乐高编程和各种棋类的智能类。

这些对应的是孩子不同的先天优势。语言类和音乐类的兴趣班对应的是大脑颞叶区决定的听觉优势，书画类兴趣班对应的是大脑枕叶区决定的视觉优势，舞蹈类和运动类对应的则是大脑顶叶区决定的体觉优势，智能类对应的是大脑后额叶区决定的逻辑思维优势，如图5-2所示。

脑区	商区	多元智能区域	多元智能	
前额叶区	情商	自制能力/自省能力	内省智能	
		趋避特性/乐观自在	人际智能	
后额叶区	智商	逻辑思维/语言模仿	逻辑智能	智能类兴趣班
		想象能力/空间统合	视觉空间	
顶叶区	体商	肌肉耐力/肢体操控	运动智能	舞蹈类兴趣班 运动类兴趣班
		体知觉力/肢体语言	运动智能	
颞叶区	美商	语言听力/听觉记忆	语言能力	音乐类兴趣班 语言类兴趣班
		辩音听力/关联记忆	音乐能力	
枕叶区	美商	视觉辨识/图像记忆	自然观察	书画类兴趣班
		美感体认/快速阅读	自然观察	

图5-2 不同兴趣班与主要脑区对应图

孩子的大脑发展可谓千差万别，这决定了不同孩子在面对不同类别的兴趣班时，喜好程度和学习效率都各不相同，并因此呈现出不同的学习效果。我常常告诫父母，选择之前选择重要，选择之后努力重要。只有在选择前先进行科学的分析，才能让孩子接下来的努力更有价值。

而努力则具体表现为刻意训练。哪怕孩子具备再好的天赋，也要辅以足够的练习量，才能让其天赋潜能得以发展。这一过程需要付出大量的时间。因此，父母在对孩子的兴趣班进行取舍时，依孩子所处的年龄阶段不同，考量侧重点也要有所不同。

七岁之前，孩子的课余时间比较充足，可以保证足够多次的刻意训练，且孩子年龄越小，受到的外部影响越少，本身的天赋优势表现得更充分。这个阶段，父母一定要把考量重点放在孩子的先天优势上。只要选得对、训练够，孩子会以月为单位表现出明显的进步。但当孩子进入小学高年级之后，必须以学业为主，选择兴趣时，既要考量先天优势，又要衡量刻意训练的总量。如果无法保证接下来所需的训练量，必须当断则断，否则时间越长，耗费成本越大。

有些父母会忽略的一点是，对大多数兴趣项目来说，随着学习难度的提升，训练量是不降反增的。在启蒙期之后，孩子要想进一步取得成果，训练时间要数倍于之前的时间。这个时间预算，父母必须做在前面。正如《孙子兵法·计篇》所言，作战前要周密计算，"多算胜，少算不胜，而况于无算乎"。

2. 不犹豫，从算时间账开始

现实生活中，很多家庭会与小季家的情况类似。孩子小的时候，父母并没有做精准的规划，就为孩子选择了兴趣班。因为没有明确的目标，所以有些孩子频繁地更换兴趣班，有些尽管能坚持几年，也取得了一定的进步，但成绩并不突出。家长虽然想让孩子继续坚持下去，但担心影响学习，放弃又觉得很可惜，导致难以抉择。对这个问题，我的策略是以终为始，先"算账"，再衡量。

（1）先算一笔时间总账

以小季为例，假设他继续坚持学习钢琴，所需时间计算如下：

上课：每周一次钢琴课，虽然课程时长45分钟，但往返路程需要花费1个多小时，即每周需要付出的时间约为2个小时。

练习：每天练习30分钟，每周练习6天，共计3个小时。

加总计算，小季每周需要花费在钢琴学习上的时间约为5个小时，换算为一年，约250个小时。

小季现在是五年级，钢琴水平为5级，如果能坚持学到初二，也就是再学习四年,以目前付出的时间来看,需要再花费1000个小时。但事实上,如果小季希望未来考到钢琴9级或10级,每天练习30分钟是远远不够的,至少要达到每天1个小时的练习量。这意味着四年下来,总用时至少会增加到1500个小时。

(2)再衡量结果是否可接受

算完这笔时间账,我问了小季妈妈两个问题:第一,初一到初二时,孩子在学校里平均需要学七八门课程,他是否能够保证每天练习1个小时的钢琴?第二,如果无法保证练习,还按1000个小时计算,可能的结果是花费1000个小时且支付了高额的学习费用之后,孩子只能考7、8级,你能否接受?

这是小季妈妈第一次以终为始倒推计算,她之前从未考虑过孩子初中学科增多之后,练习钢琴的时间问题,现在一算,觉得每天保证抽出1小时练习几乎不可能。如果延续目前的练习时间,无论从投入还是预期结果看,都不尽如人意。

预知结果后,小季妈妈仍然心有不甘,但还是决定放弃钢琴。同时她也能正视孩子在音乐上确实天赋不突出,应该将时间和精力投入更有优势的方面。两个月后,小季升入六年级,妈妈如约同意小季退出了学校乐团。她说,因为不用再纠结,现在心里轻松多了。

天赋 Tips

做规划的核心是解决两个问题,第一是取舍,第二是布局。要想做到明智取舍,父母需要有终局思维,将当下做的事情极限推理至终点,看看最终取得的成果和花费的时间、精力、金钱是不是自己可接受的。定好了终点再倒推到当下,父母才能心中有数,才能敢于取舍。

而要做到合理布局,需要有投资的思维。今日的投入能换来明日的收益,这叫投资。今日的投入无法换来收益,这叫消费。我认为合理的比例是遵循二八定律,至少有80%的投入能取得成果,才是有效的投资。

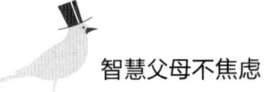

高中选科有智慧

在我的一次公益讲座上，一位爸爸因为和女儿在高中选科上意见不统一，激动地向我提问。

女儿樱桃特别喜欢阅读，而且文科的各科成绩都不错，但物理、化学成绩却一般，所以坚定地表示要选文史方向。但爸爸执着于理科，他认为，女儿虽然物理、化学暂时不突出，可数学实力强，只要能在接下来的时间里，凭借数学底子进行强化训练，理科总成绩肯定不会差。更何况，理科的知识有标准答案，只要学会了就能冲击高分。文科则不然，临场发挥与主观判卷都可能导致成绩起伏不定，也很难拿到绝对高分。而且，在爸爸的眼中，女儿从小娇生惯养，她选文不选理也有逃避心理。

现在越来越多的地区实行"3+3"或"3+1+2"的新高考模式，孩子要在高考前两年就明确选择高考科目。但在选科这个问题上，孩子的标准往往比较单一，要么是从当时的成绩出发，要么以兴趣为衡量标准，还有的孩子则觉得哪科轻松就选哪科。这些在父母看来都是不够理性的表现，所以亲子关系往往陷入紧张之中。

1. 调动孩子的自驱力是关键

选科直接影响孩子的高考成绩及志愿填报，进而影响孩子的未来人生规划。到底怎样选科才科学呢？我的答案是，一看大脑，二看成绩。

首先，大脑发展特征决定学习的阶段重点不同。

大脑的发展顺序非常独特，是从后往前生长，或者叫从下往上生长，而分界线出现在青春期。在此之前，大脑重点发展枕叶区、颞叶区和顶叶区，这三个区

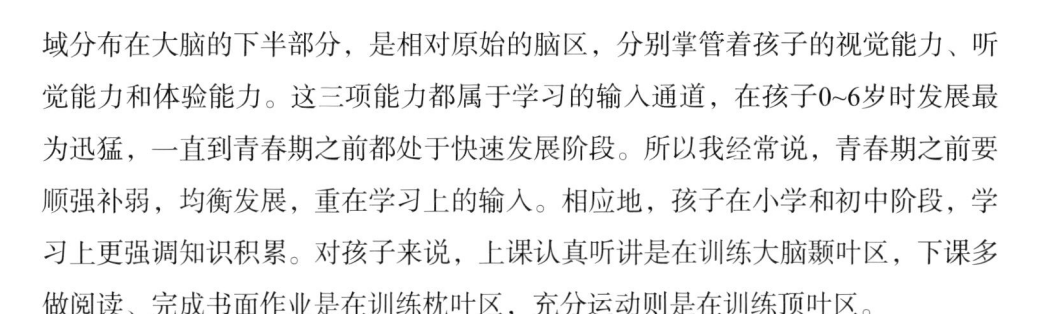

域分布在大脑的下半部分,是相对原始的脑区,分别掌管着孩子的视觉能力、听觉能力和体验能力。这三项能力都属于学习的输入通道,在孩子0~6岁时发展最为迅猛,一直到青春期之前都处于快速发展阶段。所以我经常说,青春期之前要顺强补弱,均衡发展,重在学习上的输入。相应地,孩子在小学和初中阶段,学习上更强调知识积累。对孩子来说,上课认真听讲是在训练大脑颞叶区,下课多做阅读、完成书面作业是在训练枕叶区,充分运动则是在训练顶叶区。

但到了青春期之后,大脑开始将发展重点转向前额叶区和后额叶区。此时,孩子的学习策略也应进行重大调整。我将其归结为:扬长避短、发展优势,重在学习上的输出。特别是随着大脑前额叶区的发展,孩子的意愿将取代父母的督促,成为学习的主要驱动力。同时,大脑后额叶区的逻辑思维能力与想象创新能力,也会帮助孩子在他较有优势的科目上形成突破性进展。所以,父母要尽量做到尊重孩子的意愿,这与娇惯和纵容无关,而是尊重大脑的发展规律。

其次,看成绩。但要注意的是,在初中阶段,决定成绩好坏的因素与高中并不相同,孩子初中成绩好的科目并不一定能保持到高考。

这是因为,初中数学、物理、化学三科的知识主要停留在基础层面,考验孩子看得是否认真,写得是否准确,但并不强调逻辑推理和高难度的计算。可到了高中,知识的深度和难度都有了质的飞跃,这时,仅凭苦练未必会有成果。文史科目也一样,高中的文史科目会出现大量的材料分析题,要求孩子必须有相对扎实的知识储备,能够快速找到庞杂的知识点之间的关联。而唯有孩子具有强烈的学习意愿,才能够自我激发、自我推动,在课本以外多多积累和探索,并提升记忆效率。

回到樱桃的案例,她之所以在选科上那么坚定,其实既是基于对自己之前优势科目的自信,也来自其自驱力的本能推动。

2. 智慧选科一二三

那么具体来说,要做到智慧选科,可以遵循的原则有哪些?

(1)判断孩子真实的优势和劣势

简言之,不能简单地从孩子现有的成绩或所谓的兴趣上判断孩子的优势或劣势。

比如，有的孩子小学和初中阶段数理化成绩较好，但其实是通过大量的补课催生而得；有的孩子不想选择文科，主要是因为文科需要背诵的内容较多怕太累；有的孩子对某一科体现出格外的兴趣，或许是因为他非常欣赏这一科的老师因而爱屋及乌。对高中阶段的孩子来说，还有一种情况也非常普遍，即几个好朋友约好一起选某几个科目。这是因为青春期的孩子注重朋友，如果孩子本身没有主见，就容易随大流做选择。

（2）跳出个人局限给意见

很多父母容易从自身的经验出发，或者从自己的喜好出发帮孩子做出选择，还有一些能力强的父母更是从自己的资源，以及未来对孩子的支持角度考虑，选择一条自己认为对孩子最理想的路。父母的苦心虽然可以理解，但孩子在其未来的人生道路上，主角一定是他自己，哪怕是父母也不应强势干涉。

所以，在孩子选科的问题上，如果父母在判断孩子的真实优势后，仍认为孩子的选择失之偏颇，也不要强行说服，而是可以凭借更为深厚的阅历，将自己看到的、听到的，特别是经历过的，以平等对话的方式讲给孩子听，或者带孩子亲临实境去体验和感受。要知道，很多时候并非孩子不讲理，而是两代人在信息上会产生不对称。当孩子的体验和父母趋于一致时，不少孩子反而会尊重父母的建议。

（3）学会借助专业力量，做更全面的考察

比起孩子，父母更能够理性全面地思考问题。他们可以借助专业的力量，比如，与经验丰富的班主任或任课老师深度交流。老师对学科的了解更深，能够更加精准地判断孩子在该学科上的细分能力，并给出更有效的学习建议。

父母还可以帮助孩子寻找身边正在上大学或刚刚大学毕业的哥哥姐姐，他们作为过来人，可以现身说法为孩子指点迷津。由于年龄相仿，孩子会更愿意与他们交流，同时，这种最新鲜的体验，与父母二三十年前的感受相比，也更为贴近时代，往往更值得借鉴。

如果条件允许，父母还可以为孩子联系相关专业的大学老师，请他们为孩子详细地介绍一下学科与未来就业方向之间的关联，让孩子更全面、立体地了解该学科，而不是单纯地凭借中学时的成绩来做选择。

天赋 Tips

父母在帮助孩子进行高中选科时，着眼点除了当下学科的特点，更重要的是孩子未来的职业发展。我不止一次地在和孩子的沟通中发现，孩子对未来的专业，对梦想的学校其实一点儿都不了解。这种模糊会造成孩子在学习课程时没有坚定的动力去推动他们攻坚克难，而是非常容易摇摆，甚至产生放弃的想法。

所以，我建议父母要带着孩子通过实地考察、看宣传片与校友沟通的方式，去更深入地了解学校与专业。让孩子能够发自内心地想学、想考，这种实实在在的信息，这种具象的画面和语言，比父母或老师空洞的鼓励和说教更有说服力。

一屋不扫，何以扫天下

有一天，我去小米家做客，看到小米的爸爸妈妈忙前忙后，而十五岁的半大小伙子小米却泰然自若地坐在沙发上。于是我提醒小米的爸爸妈妈，一定要让孩子参与家务劳动。没想到小米妈妈告诉我，别说是做家务劳动了，小米连自己的房间都不愿打扫。小的时候小米还允许妈妈帮忙收拾他的房间，现在到了青春期，他更加注重隐私，每次妈妈想帮忙，他都会回答不需要。

听到这里，我问了小米妈妈两个问题：第一，生活中小米的时间安排怎么样，有没有存在拖拉的问题？第二，小米制订和实施学习计划的能力强不强，会不会出现主次不分、时常跑偏的问题？

听我这么一问，小米妈妈非常惊讶，因为这两个问题正是他俩的冲突点。小米妈妈是企业高管，工作能力强，善于统筹，家庭、事业两不误。小米却拨一下动一下，还时常抓不住主线，看得妈妈又着急又生气。

为什么我会由小米房间的脏乱差推论出小米的计划性差呢？为什么我又总是不断地和父母强调，孩子必须参与家务劳动呢？

简言之，做家务劳动会对大脑后额叶区的发展产生刺激作用。如果一个孩子能规划好家务活儿，他也就能规划好自己的时间，做好学习计划。

1. 做家务与逻辑思维

每个人的大脑脑区都对应着人的一部分能力，二者呈正相关。脑区越发达，则对应的这方面的能力就越强。当然，在某方面积极练习，也会刺激对应脑区的发展。具体来说，大脑后额叶区对应人的逻辑思维能力和时间管理能力，而这两项能力都与做好家务劳动的能力紧密相关，且相互影响。

首先，做家务的过程是训练孩子统筹规划的过程。以做饭为例，从流程上说，要对蔬菜进行洗、切、配、炒；从烹饪方式上说，或蒸，或煮。看似简单，实则是把多种要素都堆在孩子面前，要求孩子具有较强的分析和规划能力。他需要判断事情的难易程度，需要安排好顺序，还要预估各个环节的时间。也正因如此，奥数启蒙题中常常出现以做家务为素材的题目。可以想象，如果一个孩子能够将两个小时的做饭流程安排得井井有条，那么，他就同样可以将每天放学后到睡觉前的四个小时安排得张弛有度、合情合理。

其次，做家务的过程也是孩子不断碰到问题、想办法解决问题的过程。比如，衣服上有油渍该怎么清洗，大扫除时犄角旮旯要怎么处理，组装物件时怎么选择适配的小工具等。父母可以给予指导，但真正操作的人必须是孩子。这与他们未来在学习中可能遇到的情境相类似。很多孩子在学习中都有过体会，无论上课听得多么明白，做作业时也难免会"卡壳"，如果这时孩子已经通过做家务养成了遇山开路、遇水架桥的能力，那么心态上就不会惧怕，行为上就不会逃避，自然也就不会畏难偷懒了。

不过，值得注意的是，孩子上幼儿园时，老师会强调让他们自己收纳玩具，那时孩子对家务劳动仍有着天然的积极性和主动性。但是升入小学之后，老师的关注点在学业上，许多父母也是一样，不要说家务劳动，就连每天收拾书包和学具，都会为孩子代劳。在父母尤其是祖辈看来，这影响的不过是孩子的劳动技能而已，等孩子成人后再学也不迟。殊不知，这其实是浪费了刺激孩子大脑后额叶区发展的机会。很多孩子升到初中，都不会规划自己的学习时间，分不清事情的轻重缓急，做事情丢三落四，让父母操心还在其次，关键是会极大地浪费孩子宝贵的时间。

2. 做家务其实是一项重要训练

不要小看做家务，古语所言："一屋不扫，何以扫天下？"这句话有着深刻的道理。实际上，就在2022年3月，教育部发布了《义务教育劳动课程标准（2022年版）》，将劳动课从原来的综合实践活动课程中完全独立出来，规定中小学生平均每周要有不少于1课时的劳动课。其中，不仅包括整理与收纳、烹饪

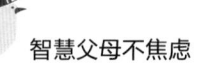

与营养在内的日常生活劳动,还包括生产劳动和服务性劳动,课外和校外劳动周也被提上日程。

在家里,父母应该将家务劳动作为一项重要的训练。可参照以下基本操作步骤。

(1)预估总量

无论是做饭,还是收拾书桌、衣橱,都应该让孩子先对劳动总量进行判断。在孩子统计工作总量时,父母可以查看孩子是否有遗漏,并及时予以提醒。在这个过程中,孩子能够用到非常多的逻辑观察顺序,比如从左到右、从内到外、从整体到局部等,这种观察能力对孩子未来的写作和表达也是有所帮助的。通过这个环节,还可以训练孩子的总结归纳能力,这也是一项重要的学习能力。

(2)进行分类

如果是进行家庭大扫除这种相对复杂的劳动,父母可以先让孩子将需要做的家务进行分类归纳,并预估每一类需要花费的时间。和总结能力一样,分类归纳同样是一种重要的逻辑思维能力,需要处理的事物越复杂,分类能力就越重要。

(3)排序

排序既可以依据重要程度,也可以依据事物本身的顺序。依据重要程度排序,能训练孩子识别重点、把握重点、确保重点成果的能力;依据事物本身的顺序进行排序,能训练孩子统筹时间的能力。家务劳动通常是烦琐的,需要考虑兼顾与包含的关系,比如做饭时,可以一个灶眼蒸煮、一个灶眼炒菜,二者可同时进行。这实际上是并行处理两件事物,当孩子掌握了这一能力,不但可以提高其在生活中的效率,而且能够养成在学习上珍惜时间、抓紧时间的好习惯。

(4)提前定标准、约时间

在实践操作中,父母要注意,应提前和孩子订立完成的标准,并提醒孩子需要注意的细节,最好给出具体的时间约定。但标准不宜太复杂,建议从一到两个限制条件开始,否则孩子会认为太难而失去兴趣。时间也应根据具体情况,与孩子商量着约定。

做家务,本是一件小事,但在孩子的成长过程中,又无疑是一件大事,父母只有督促孩子从小事做起,把家务做好,才能游刃有余地处理学习、成长过程中遇见的大事、难事。

天赋 Tips

青春期的孩子,本来就非常容易在情绪上与父母形成对立,在心态上特别希望远离父母,摆脱家庭的束缚,自由自在。在这个阶段,共同做家务实际上是一种家庭团建。家庭成员通过做家务,能够为家庭建设贡献一份力量,让家变得越来越好。

这实际上会构成一种家庭成员间的情感纽带。只有当孩子付出了爱和努力,才会对家有更深的情感。因为爱是给予,不是收获。人是在付出中感受到爱,而不是在接收中感受到爱。

当孩子开始沉迷和成瘾

有一天,佩佩的大姨找到我,说自己许久不见的外甥女阅读品位急剧下降。五年级之前,孩子还会跟着她一起看各种文学名著,现在升到中学,反而开始看起网络小说来。大姨给她送去各种文学读物,孩子也兴趣索然。

这种转变,让从事文学工作的大姨觉得很遗憾。她多次提醒佩佩妈妈,要引导佩佩提升阅读品位。但妈妈也表示自己也无能为力,因为佩佩根本听不进去,她说同学都在读网络小说,自己如果不看根本找不到人交流,而且网络小说的语言浅显风趣,比看文学名著轻松多了,有时一天就能看完一本。妈妈只好反过来安慰大姨,佩佩好歹还在看书,总比那些沉迷于游戏的孩子要好。再说,孩子上了中学后,学习压力本来就大,也需要看看网络小说解压。

佩佩打小就备受大姨的疼爱,大姨为她花费了很多心思。眼看自己十年的努力,没敌过几篇网络小说,大姨很是伤感。大姨问我,孩子曾经那种好的阅读品位和习惯,还能重新培养起来吗?

1. 为什么孩子会成瘾

大姨的困惑,答案其实蕴藏在大脑的运行奥秘中。

哈佛大学心理学博士丹尼尔·戈尔曼(Daniel Goleman)在他的新书《专注》中,特别介绍了大脑运行的两个系统。一个是自下而上,一个是自上而下。我们不妨将其简称为系统A和系统B。其中,自下而上的系统A出现的时间相对久远,自上而下的系统B则是大脑后期发展的产物,直到几十万年前才发育完全。

简单来说,系统A就像自动驾驶的汽车,是自动运行的,是直觉性的、冲动的，它由情绪驱动，用于指挥惯性行为，更适合处理简单的、规律的任务，对大脑的能量消耗也是最少的。

而系统B则为大脑添加了自我意识、沉思、衡量及计划等功能。这是一种有意注意，为意识控制大脑提供了途径，也是推动个人成长的动力系统。和系统A不同，系统B的特点是自主的、需要努力的，它具有自我控制的功能，能够抑制情绪冲动，促使人学习新的模式、制订新的计划、监管自发行为等。当然，也正因为系统B是一种主动行为，所以它的运行需要调用大脑更多的能量，是一种能量高度消耗的过程。聪明的大脑同时又是一个懒惰的大脑，总是追求能量经济性，这会让它自然而然地选择轻松、愉悦的事情。由于学习是在不断了解新的知识，需要一直动用系统B，这会让大脑感到疲劳，所以孩子如果没有外力的作用，很难长时间坚持下去。而玩游戏、看小说、看漫画运用的是系统A，轻松无压力，符合大脑的自然选择，所以孩子会特别容易成瘾。

重点来了，学习就必然不能成瘾吗？

当然可以！成瘾其实也是可以规划的。

这是因为，虽然一个人刚开始学习一件事情时，运行的是大脑系统B，但经过反复训练，能够熟练掌握后，系统B就会自动切换到系统A，人也会由痛苦状态转换为舒适状态。这就好比有的人刚开始运动时非常痛苦，但坚持一段时间后，反而非常享受运动，甚至不运动就会浑身难受，进入运动成瘾的状态。

2. 主动出击和被动防御两手抓

玩游戏可以成瘾，学习可以成瘾，运动也可以成瘾，"成瘾"是一个中性词。知道了这个道理，父母就完全可以借力打力，巧妙地运用大脑运行系统的特点，让孩子从游戏成瘾变成阅读成瘾、运动成瘾、学习成瘾。一旦孩子在更有价值的事情上找到快乐，自然就不会再沉迷于无意义的事情之中了。

（1）从主动出击的角度，让系统B转换成系统A

为了让孩子始终保持系统B的运转，父母可以选择主动出击。这里需要注意两点，其一，在孩子学习新事物的时候，不要一开始就将难度或强度设置得过高，因为这会给启动系统B制造人为的障碍。正确的做法是创造坡道，让孩子从坡底开始启动，相对轻松地进入新的学习领域。其二，当孩子轻松开启学习的系统B之后，父母要引导孩子保持稳定的频率，形成行为的习惯。这是让孩子更快地实现从量变转为质变的关键。一旦突破质变，大脑运行系统就会从系统B切换到系统A。

以培养孩子形成良好阅读习惯为例，有些父母只知道开卷有益，以为只要读书就比不读书好，但如果孩子的阅读质量不高，其实会一直围绕系统A打转。想让孩子开启系统B，就要引导孩子从小阅读文学名著，一开始可以选择比较轻松、有趣的部分，每天的阅读时间不宜过长。不过，阅读习惯务必要稳定保持，如果孩子学业压力增大，时间受限，那么阅读可以减少，但不要停止。同样地，如果孩子小时候学了某种特长技艺，比如钢琴、舞蹈、羽毛球等，也同样要坚持练习，千万不要时断时续。

（2）从被动防御的角度，阻止大脑一直停留在系统A

由俭入奢易，由奢入俭难。大脑一旦沉迷于系统A，就很难突破舒适圈。

游戏、手机社交、网络小说是最让父母头疼的三个"老大难"问题。这三个问题都依托于手机和平板电脑。所以，父母一定要注意尽量不要给孩子使用这类电子设备，若非使用不可，也一定要严格控制、严加管理。否则，孩子体会过休闲的轻松，再要回到刻苦学习的状态，就会非常困难。

如果孩子已经阅读网络小说成瘾，父母要想干预，最好的办法就是亲自下场或求助专业人士，以优质阅读替代网络小说，比如父母亲自带孩子一起进行规律性阅读，或者由专业老师与孩子进行交流，教授精读方法。如果孩子对手机社交成瘾，父母需要严格控制孩子使用手机的时长和时段，比如晚饭前后可以使用30分钟，一旦进入学习模式，手机必须远离书桌。如果孩子对游戏成瘾，改变的最佳途径是进行户外运动，因为大脑在不断学习运动技能时，也会重启系统B。

天赋 Tips

父母一定要明白，一旦孩子有了成瘾行为，那么，无论他自己有多强的自制力，都很难通过自主的力量转变运行轨道。这个时候，父母就是他们责无旁贷的守护者，是他们最可依赖也最强大的外部力量。

特别需要强调的是，很多父母的确会身体力行地采取很多"挽救"行动，方向、动作、策略都是对的，就是时间不够长。特别是在孩子的状态出现反复时，很多父母会在瞬间崩溃。成瘾代表孩子已经形成了行为惯性，身体有了肌肉记忆，必须用更强大的新的肌肉记忆来替换它。这个建设过程必然是漫长的，所以需要父母咬紧牙关长期坚持，孩子才有可能彻底戒掉成瘾的行为。

当青春期的孩子要远航

因为家庭原因，鲲鲲在高三时不得不回到老家备战高考。但父母的工作实在难以调动，无法一起前往陪伴。鲲鲲因为从小没住过校，不太习惯集体住宿，所以要求父母给他在学校旁边租了个小房子，从此变成一个人住，一个人上学。刚开始，爸爸妈妈还能勉强做到每周末接他回家一次。后来随着高考的临近，时间也越来越紧张，鲲鲲考虑到路途遥远，往返一次非常耗时，也渐渐不再定期回家，最长的一次，有一个多月没回家。这对以前没有长期离开过家的鲲鲲来说，无疑是一次巨大的考验。

在这期间，爸爸不放心，曾专程回老家看过鲲鲲一次。但他意外地发现，鲲鲲不但生活规律，学习状态稳定，还给自己添置了简易的健身器材，每天都固定在晚上八点半到九点做运动。这一个多月，鲲鲲虽然每天靠外卖过活，但并没有影响他的心态。

看到这里，相信你一定会感慨，这真是"别人家的孩子"啊！的确是。接下来我们就来看看，父母应怎样做好规划与引导，才能让"自己家的孩子"与鲲鲲看齐。

1. 青春期的孩子远航风险分析

无论是出于主观意愿还是客观原因，在孩子成年前的长达十八年的历程中，父母总会有一段时间离开孩子，短则一个月，长则可能达数年之久。如果这段别离期正好赶上孩子的青春期，那么父母就要格外注意处理问题的方式方法。

这是因为，处于青春期的孩子一旦远航，风险指数就会增高，原因如图5-3所示，主要有下四种，即感性因素影响、伙伴的巨大影响、家庭管教外力下降、价值观不稳定。

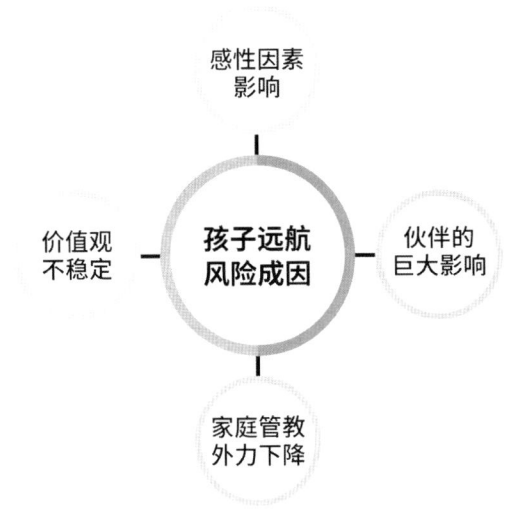

图5-3 孩子远航风险成因图

第一，青春期孩子的思维脑与情感脑在发展程度上并不匹配，因此孩子非常容易受到感性因素的影响；

第二，青春期的孩子特别注重伙伴关系，因此社交关系对他们的影响会远远超过成年人的想象；

第三，青春期是孩子价值观、世界观形成的关键时期，他们开始学习如何进行思考，但又不够稳定，经常会发生摇摆。在突发事件的激化下，还可能做出过激行为。

第四，我最想强调的一点是孩子的大脑发展所带来的影响：大脑的前额叶区对应的是一个人的目标感和自律性。孩子在这两点上的能力可以靠外力来培养，但在远航期间，外力作用会降低，孩子的先天特点会进一步凸显。

以目标感为例，目标感由大脑前额叶右脑所决定。这个脑区先天发达的孩子，从小就会表现出争强好胜的特点，他们内心永不服输，希望自己成为焦点。对这类孩子来说，激将法是很容易奏效的。但如果孩子的这个脑区先天偏弱，遇事就会更容易放弃。只是，在孩子小的时候，目标通常较为单一，加之有父母在身边不断提醒、督促，这种缺乏目标感的弊端也许看上去并不明显。可一旦孩

子进入青春期,且开始远航,就需要目标指引其航行的方向。如果失去航行的方向,孩子就会像在大海中漂泊的小船,只能随波逐流、随遇而安。

鲲鲲的一位新同学,和鲲鲲的情况类似,也在高三时转学到当地。自从一个人学习和生活后,这个孩子就像脱缰的野马,每次和妈妈通电话都答应好好学习,可实际上是能拖就拖,常常需要老师点名提醒交作业,成绩更是一落千丈。最终他的妈妈只能被迫暂别职场,回到老家陪伴他进行学习,以做最后的冲刺。

2. 基于孩子的先天特征因势利导

虽然青春期的孩子在身形上已经像个大人,但实际上仍然处于成长的过渡期,在学习和生活中会更多地受到外界的影响。当孩子远航时,摆在父母面前的最大困难,是无法再近距离、长时间地对孩子施加影响。既然如此,就必须选择最有效的方法让来自父母的正向影响更加精准有效。

(1)应对听觉敏感、视觉敏感和体觉敏感的孩子各有奇策

对听觉敏感的孩子,父母要做的就是持续给予语言上的肯定。现在通信渠道多元,可以运用语音、视频等多种方式,在孩子的学习之余抓紧交流,以弥补距离带来的疏离。要让孩子感受到,父母一直在精神上陪伴着他。但要注意的是,勤于交流不等于唠叨。听觉敏感的孩子本身就对语言敏感,距离近时,父母唠叨产生的矛盾尚可迅速化解,现在距离远了,沟通毕竟不那么及时,一旦孩子心中生出厌烦,就会拒绝沟通或敷衍了事,导致父母无法了解孩子的真实想法,也就无从给予正向引导。

对视觉敏感的孩子,礼物是利器。这类孩子容易被美丽的东西所吸引,并会因为视觉感受影响心情。对这类孩子,父母要多花心思了解孩子的喜好,为他精心挑选礼物。特别推荐质地优良、包装精美、制作精致或功能新奇的礼物。这类礼物可以成功吸引这一类型的孩子,让他变得心情愉悦,动力十足。

对体觉敏感的孩子,父母务必要帮助他们创造条件,制造仪式感。尤其是当孩子取得一定的成果时,父母若能及时给予正反馈会特别有利于激发这类孩子的斗志,比如给孩子一个紧紧的拥抱、安排一次大餐,哪怕父母只是从语言和表情中展示出兴奋,都能够把孩子的情绪和状态带动起来。

（2）目标感的强弱不同，方法不同

父母即便发现孩子原本就目标感很强，但在孩子远航前，仍需要提前花时间与孩子一起探讨，就目标达成共识。在孩子远航的过程中，父母也要时刻关注孩子的学习进展，和孩子就达成目标的路径和方法进行交流和切磋。

父母如果发现孩子目标感差，就更应常常对孩子说一些励志的话，帮助孩子制定一些小目标。目标越具体、越细致，往往达成的可能性就越高。目标虽小，但孩子如果能够持续达成，也会增强自信心，在不知不觉中强化其目标感。

天赋 Tips

总体来说，父母要根据孩子的自律性强弱给予不同强度的约束力。有的孩子自律性不够好，这时，父母一定要和他一起制定时间表，并且在固定时间打电话进行沟通。通常，父母的行为越规律，孩子的行为也就越规律。

如果能非常幸运地拥有一个自律性好的孩子，父母则要适当松弛。因为这类孩子往往自我要求很高，自尊心也很强，父母在关键时刻要做到不批评、不施加压力，还要适当地帮孩子放松，以便让他们保持良好的精神状态，稳定发挥。

青春期不只是"青春期"

如果不是亲历者,我相信很少有父母会想到,青春期"后遗症"能延续到三十岁以后,甚至看不到结束的曙光。这是我的朋友此刻正在经历的。

朋友的女儿蔓蔓从小性格温和,虽然在各方面都算不上拔尖,但特别懂事,不但从不惹祸,还很体谅父母、关心父母。上大学之前,蔓蔓始终是妈妈眼里的天使宝宝,从不曾真正叛逆过。朋友都很羡慕蔓蔓妈妈,别人是"更年期撞上青春期",一年大战三百回合,她家却平静如水。受益于此,妈妈的事业也从未因孩子受到影响,而是发展顺畅。

谁都没想到,蔓蔓并非没有叛逆期,只是来得迟而已。大学毕业后,蔓蔓开始变得越来越固执,如找工作、谈恋爱、搬家等大事不再听从父母的建议。后来更是到了妈妈越赞成的,蔓蔓就越反对的地步,而且只要和妈妈发生冲突,她就会把之前的陈年往事搬出来,力证妈妈从小就对她不够关心,过于强势。30岁生日那天,蔓蔓似乎决心与过去做个了断,直接把父母微信拉黑,亲子关系彻底破裂。

1. 潜意识和潜意识转化

几乎在所有人看来,蔓蔓如此剧烈的转变都如谜一般。其实,要解开这个谜题,需要从了解"潜意识"和"潜意识转化"这两个关键名词开始。

每个人的大脑中都有上百亿个神经元,大脑通过神经元的链接形成信号传递,指挥身体,完成各种反应和动作。学习过程亦然。孩子在成长的过程中,所见、所听、所经历的一切,都是先由眼、耳、口、鼻、舌、手、足等感觉器官捕捉到信号,再传递到大脑之中的。大脑在接收到信号后,神经元进行连接,从而形成人的意识,并反馈到各个器官。但有一些信号传递进去后,并不需要马上进行反馈,于是这种连接就会陷入沉睡状态,进入大脑深层记忆库,形成潜意识。在未来的某个时间点,相同的场景再现时,沉睡的潜意识会被唤醒,转化为行为、语言、动作等,这就是潜意识转化。

教育专家总是提醒父母不要在孩子面前剧烈争吵,在孩子犯错时不要打骂、责罚,原因均在于此。这些基础的教育要求,核心是为了确保孩子在形成意识和潜意识时,尽量留存下好的、善的内容。

以蔓蔓为例,事实上,母女危机早在多年前就初现端倪。在痛苦的反思中,妈妈回忆起,蔓蔓曾十几岁的时候就抱怨过,她的生活中大到考学选专业,小到日常吃哪个菜、穿什么衣服,妈妈都要管。而且每次和妈妈辩论,也总会以妈妈胜利而告终。有一次蔓蔓和妈妈为一件小事观点不一,她整整想了一宿,第二天早晨鼓足劲儿去和妈妈讨论,结果被妈妈两句话就给怼了回来。那个时候蔓蔓最想不通的就是妈妈为什么永远有道理,但尽管有所不解,她也总能听从妈妈的建议,甚至对妈妈的决断力满心崇拜。

由此可见,在蔓蔓的成长过程中,每当和她的意见不一致时,妈妈采取的方式不是通过商量和女儿达成共识,而是永远以自己的决定为准。还是个孩子时,蔓蔓只能被动单向地接受这种模式,并在潜意识中留下深刻的印象:人与人之间相处,只能是你对我错,而不是协商共赢。等到长大后,有了足够的能力时,蔓蔓的潜意识转化力推动着她像曾经的妈妈那样,在和父母沟通相处时,不是采取协商方式,而是要坚持分出输赢。这时,如果妈妈的看法和她不同,她就据理力争,强行说服,若发现不能说服妈妈时,索性采用一刀两断的方式与父母决裂。

2. 难以跨越的青春期

我们绝大部分决定都是在潜意识的操控下做出的,而潜意识则是在成长经历中形成的。其影响源不仅来自家庭中的父母至亲,还包括社会环境、亲朋好友、成功或失败的案例等。这些都影响着孩子对自己和他人的认知,更影响着他的思考方式、行为方式、决策方式以及解决问题和冲突的方式。

青春期的种子早就埋藏在孩子的幼小心灵里,且青春期往往难以跨越。青春期意味着一个人个体意识的觉醒和能力的增强,只不过表现在外在形式上,有的孩子表现激烈,有的孩子则看似较为平顺。当面临第一种情况时,父母在短期内会非常痛苦,但也能早早感知并随之做出调整。但如果遭遇的是第二种情况,孩子的青春期在时间段上看似已经度过,其成长的力量却会如地表下的岩浆,迟早会喷涌而出。

这意味着,"青春期"不只在青春期发生。也许有的孩子会如蔓蔓一样,在青春期表现得非常平静,但父母依然要未雨绸缪,根据孩子的特点做长期或远期规划,为构建长久的良好亲子关系打下基础。

(1)如果孩子性格鲜明

对这类孩子,父母更容易识别他们的需求,要做的是懂得示弱,当面对孩子强大的爆发力时,学会转换一个角度去欣赏。

我总是说,世界上没有哪个父母是可以战胜孩子的,父母早晚都会向孩子"投降"。那么,与其在对权力和权威的争夺中两败俱伤,不如让孩子在与父母的交流中学会与人相处的方式。不要怪罪潜意识,因为它是中性的,潜意识既可以留存恶与丑、恨与冰冷,也可以留存善与美、爱与温暖。

智慧的父母与孩子发生冲突时,会尽量以对话、协商的方式去化解矛盾,这不是在认输,而是让孩子明白,任何关系出现问题时,都可以用这样的方式去解决。从另一个角度看,这相当于把家庭变成了练兵场,是在帮助孩子以正确的方式演练"与人相处",这样反而更有助于孩子学会沟通,更好地走向社会。

(2)如果孩子温和乖巧

对于这类孩子,父母也千万不要以为青春期是可以跨越或战胜的。

尊重科学规律是前提。父母要预知孩子的身体和心理可能产生的变化,并顺应青春期发展的节奏,让孩子经受本应在这个阶段所经历的那些训练,且不可强势压制。

换个角度说,表达自己的意见、反抗不合理的决定,正是孩子未来生存必备的技能之一。没有哪个父母愿意看到孩子在未来忍气吞声、委曲求全。而青春期,恰恰是训练这种技能的最佳时期。所以,如果孩子到了青春期,依然凡事不爱做决定,对父母言听计从,父母不要沾沾自喜,反而要耐心做一个聆听者,多加鼓励和引导孩子学习表达自己的观点。

父母要永远记得，跟孩子的竞争，父母赢不是真的赢。

天赋 Tips

智慧的父母应该学会使用潜意识的力量，具体的方法就是埋种子。通过语言、行为在不经意间将认可孩子、赞赏孩子的种子埋进孩子的感受里。

因为潜意识越强的孩子越容易有心理暗示，所以在矛盾没有被激化之前，埋下越多爱的种子，未来碰到问题时，孩子才会形成自我暗示，告诉自己这些冲突终究都能解决。但如果父母在日常生活中不注意自己的表达，看起来似乎是真实的，实际上会错过一个非常好的工具。

大一是青春期的终点，也是重点

当健展拿到大学录取通知书时，全家人都松了一口气。因为健展冲击的是国内一所名校的热门专业，竞争极其激烈。不过，凭借优异的成绩，健展最终还是实现了愿望。

但没想到，开学刚两周，健展松下的这口气又提了起来。他发现同寝室竟然有一半的同学是因竞赛获奖或被保送入学的，另一半也不乏各省市的状元。这样一来，健展最引以为豪的学习优势就黯然失色了。还没等他缓过劲儿来，打击再次从天而降。在社团招新中，健展参加了辩论队及戏剧社的面试，这都是他中学时的拿手强项，所以他胸有成竹。然而看到其他竞选者的展示，他才意识到自己不过是爱好，根本谈不上特长。

其实，每年都会有大量的大一新生在走入校园后，首先感受到的不是大学生活的自由和美好，而是强烈的心理落差。面对比自己更优秀、更多才多艺的同学，不少孩子会感到自尊心受伤、自信心受挫，甚至开始自我怀疑、自我否定。这便是"大一现象"。

1. "大一现象"的核心成因

在大部分父母眼中，高考是孩子人生的重要节点，但大一不是。因此，家庭中普遍缺失对大学生活的规划。但实际上，大学生活是很多孩子青春期后期的重要一程，与其说它是青春期的终点，不如说是青春期的重点。和此前的任何一个阶段都不同，对孩子来说，大学既是连接学校到职场的桥梁，也是职业能力形成的起点。孩子能否有质量、有效率地度过大学生涯，意义可谓重大。而大一恰恰是这段重要生命历程的开端。

在开启新阶段之初，过去十多年来在脑海中形成的固有印象，会深深影响孩子对自己的判断。对成绩优秀的孩子来说，过去无数次考试的成功经验，使他们默认自己是学习上的常胜将军；而那些从小组织能力突出或才艺突出的孩子，会因所获得的大大小小的奖项认定自己是出类拔萃的。在进入新的环境时，他们也会自然而然地预设自己是最耀眼的那颗新星。

但现实往往会带来重重的一击。高考作为学生阶段最重要的一次选拔性考试，将学习能力或特长最突出的孩子会聚到了一起。这使他们彼此的评价参照标准显著高于中小学时期，自然会导致自评上的巨大落差。

还要说明的是，大多数孩子在中小学阶段所积累的自信都属于评价自信。这是一种来自外界标准的判断，实际上并不稳固。当评价改变时，孩子的自信也会随之摇摆。更何况，在中小学阶段，外界对一个孩子的评价标准往往是单一的，通常会以学习为主。孩子只要学习好，就能得到充分的肯定。但进入大学之后，评价维度迅速变得多元，组织能力、语言表达能力、人际关系处理能力、艺术及运动能力等都会成为评价的标准。如果孩子仅仅是学习好，此时获得正反馈的机会就会较之前大大减少。而且，就算他们积极上进，也无法在短期内快速弥合能力上的差距。所以他们至少会在一段时期内产生内心认知上的混乱，感到有心无力。

回到健展的案例，他进入的本来就是名校，同学都是来自全国各地的精英，大家各有所长，难分伯仲，所以这种感受就会更加强烈。

2. 巧妙破解全新挑战

孩子在青春期会遇到三个重要的转折点，每一个转折点都恰巧是一个新的学习阶段的开始。因此父母要特别关注初一、高一、大一的教育重点，如图5-4所示。

学习节奏	选科策略	职业目标
初一	高一	大一

图5-4 青春期关键节点示意图

经过十多年的努力,在孩子考上大学后,全家都会跟着松一口气。但其实,这也是全新挑战的开始。孩子不知道自己将会碰到哪些新的环境、新的压力,而且很多父母也缺乏对"大一现象"的正确了解。但所谓境由心转,每个人面对的客观世界都是一样的,大一的挑战对每个孩子来说也都是公平的,只需要在以下三个方面略作调整,"大一现象"也就能自然而然地破解了。

(1)培养内生自信

内生自信指的是一个人通过自己的努力,在自己擅长的领域,反复体验成功所积累的自我认可。与评价自信不同,内生自信的形成相对缓慢,一旦形成,就会深深扎根于孩子的内心,坚不可摧,带给孩子强大的韧性和抗挫能力,让孩子受益终生。

因此我建议,在孩子入学前后,父母要做三件事情。

首先,在孩子进入大学之前,父母应该和孩子及早沟通,让孩子了解,大学是一个更广阔的舞台,身为大学生,他将看到一个更大的世界,有机会结识更优秀的伙伴。同学之间最重要的不是彼此竞争,而是在未来的成长路上相伴同行。

其次,在孩子入学的第一个月,父母要引导孩子以开放的心态观察身边优秀的同伴,找到他们身上的闪光处。这并不是为了让自己相形见绌,而是为了找到学习的标杆。

最后,在此基础上,帮助孩子一起分析,找到他身上的差异化优势,并让他以此为支点,设定自己的发展目标。有了明确的目标,孩子就可以通过此后四年的持续努力,进一步强化自己的优势,乃至将其打造为自己独有的、引以为豪的标签。这会成为他新的内生自信的起点。

(2)以终为始做职业生涯规划

大学是孩子迈向职业生涯的起点,所以,无论是孩子还是父母,此刻都无须为短暂的不平衡而焦虑,而应当将目光投向若干年后的职场。

当孩子对大学生活及所学专业有了初步了解后,父母可以和孩子一起进行一系列与职业生涯相关的讨论,让孩子更深入地了解所学专业与未来职业之间的关联。虽然大一就确定四年后的职业目标并不现实,但这种探讨会让孩子以更高维度的视角纵观大学生活,做到眼中有方向,心中有定力,不虚度时光,不焦虑徘徊。

千里之行，始于足下。长久的发展目标也要先从一到两个当下即可实现的目标着手。无论大学生活多么丰富多彩，学习仍然是主旋律。所以我建议，每个学期或每个学年，父母引导孩子选定两个进步的目标，其中一个务必是学习目标，可以是总学分，也可以是年级排名，或者是单科成绩。另一个目标最好与综合素养有关，发展一项爱好，或者加入一个社团。社团活动是大学最重要的社交方式，社团中的同学志趣相投，如果可以形成深度的合作关系，对未来职业生涯发展也会有所助力。

大一是孩子快要走完青春期的"最后一公里"。行百里者半九十，父母在陪伴孩子走完青春期的"最后一公里"时，不应该放松，而是要努力帮助孩子建立面对未来的信心，为孩子规划好日后的职业生涯，这样才能帮助孩子早早地掌握步入社会的能力，创造属于自己的精彩人生。

天赋 Tips

"大一现象""初一现象"、高中选科现象等都属于同一类问题，就是关键转折点的困境。其根本都在于，父母和孩子不具备全局思维，没有敏锐地预见孩子在新的阶段将碰到新的问题，因此准备不足。

但不同之处在于，大学之前，孩子出现问题，主要靠父母去解决问题，但进入大学后，将意味着孩子必须依靠自己去面对和解决有关问题。这对孩子的综合能力要求更高，挑战更艰巨。父母至少在大一阶段不能完全撒手不管，要通过沟通及时了解孩子的动态，体察孩子的难处，为孩子出谋划策，必要时还要出手相助。

附5：父母潜能自查简表

父母是孩子的第一任规划师，也是孩子最重要的教练员。如果您本人在教育孩子上呈现出以下特征，证明您在相关方面具有较强的天赋潜能。

自制能力/自省能力	做事很规律，讨厌临时出现变化；对孩子的自律性要求非常高；愿意通过改变自己带给孩子好的影响
趋避特性/乐观自在	人缘好，朋友多；不希望自己的孩子落于人后；心态积极，碰到问题时习惯积极寻找方法而不是抱怨
逻辑思维/语言模仿	在与孩子沟通中总希望占上风；做事情有条理，紧抓重点不跑偏；语言表达能力强，善于向孩子解释说明
想象创新/空间统合	注重时间的价值，愿意花钱买效率；容易脑补一些画面，把想象当成现实；时间规划能力强，生活安排得井井有条
肌肉耐力/肢体操控	脾气急躁，缺乏耐心；容易把孩子的时间排得过满；做事速度快，总抢在孩子之前
体知觉力/肢体语言	愿意给予孩子爱的鼓励；注重仪式感，会精心为孩子准备活动；容易体察并体谅孩子的感受，容易心软
语言听力/听觉记忆	愿意跟孩子进行交流；重视承诺，不忽悠欺骗孩子；相信忠言逆耳利于行，喜欢提建议
辨音听力/关联记忆	喜欢夸张地表扬孩子；举一反三能力强，学习能力好；注重对孩子说话的态度，特别强调礼貌
视觉辨识/图像记忆	在照顾孩子方面细致入微；喜欢收拾屋子，注重整洁；容易看到孩子的缺点并抓住不放
美感体认/快速阅读	有良好的阅读习惯；审美能力突出，爱打扮；追求较高的生活品质，比较考究

结尾

说给父母的话

每个孩子都有自己的优势,父母亦然。因此我一贯主张,父母在面对孩子的青春期教育时,一定要充分发挥自己的天赋,将发力方向从推转为拉,发力重点从挤压转为引领。父母双方都要识别自己的优势,并与另一半形成互补,做好养育子女的搭档。

简单的识别方法可参见以下四种:

(1)有的父母生活非常规律,对自己要求很高,而且目标清晰、言出必行。这些特点充分证明,他们的大脑前额叶区非常发达。这类父母在亲子教育中,特别适合充当孩子的精神导师,和孩子一起畅想未来、树立目标、养成规律的作息。尤其在孩子中考和高考这两个最关键的考试节点上,这类父母可以充分发挥自己的优势,帮助孩子做好报考策略,确保孩子进入心仪的学校。

但如果你是这类父母,切记不要对孩子要求过高,总把批评挂在嘴上,否则容易造成孩子的逆反心理。另外,在制定目标时也要结合实际情况,不能好高骛远,以免造成失误,徒留遗憾。

(2)有的父母上学时是优秀学生,在职场上也总能脱颖而出。他们做事条理清晰,即便碰到难题也总能游刃有余地处理,而且语言表达能力突出,讲话极具信服力。这些特征说明他们的大脑后额叶区发达,在家庭生活中,会成为孩子最好的"军师"。他们能帮助孩子科学地规划时间、匹配资源,并能和孩子一起商量出最恰当的策略，辅佐孩子在学业道路上一路狂飙。

不过，这类父母的问题在于，恰恰因为自己太优秀，见不得孩子慢，受不了孩子错，更无法容忍孩子看似平庸，不能出类拔萃。一旦和孩子沟通时掌握不好火候，就会打击孩子的自信心，让孩子在一次又一次的训斥和失落中形成破罐子破摔的心态。

（3）有的父母行动力强，勤奋能干，在工作上是一把好手，在生活中往往也是家务能手，会主动把家里收拾得干净整洁。在碰到困难时，他们敢于迎难而上，而且遇强则强，善于打硬仗。简言之，他们不怕苦、不怕累、不怕难，拥有强大的意志力。这反映出他们的大脑顶叶区发达，在孩子的成长之路上，急先锋的角色最适合他们，有了他们的帮助，孩子往往能攻城拔寨，一往无前。

当然，这类父母同样有令人忧心之处。父母利落孩子懒，节奏永远不一致是最为常见的。这时候，往往是孩子干的活儿父母不满意，孩子碰到困难想退缩时，父母完全无法理解，父母的进取心在孩子身上处处碰壁。当孩子进入青春期后，亲子之间的这种差异会被进一步放大，很容易导致两败俱伤。更严重的是，意志力强的父母大多脾气火爆，往往会在不经意中伤了孩子的自尊心，导致双方的矛盾无法调和。

（4）有的父母热爱文艺，喜爱阅读，富有生活情趣，追求生活品味。在孩子的教育上也眼光不同，通常更重视素质教育，从孩子小的时候起就会带着孩子听音乐、看画展，读万卷书，行万里路。这充分证明他们的大脑颞叶区和枕叶区发达，也就是视觉能力和听觉能力"双高"。他们最容易成为孩子早期的启蒙老师，并能构建起完美的家庭学习氛围。在早期教育中，这类父母培养的孩子会具有良好的学习意识和学习能力，通常成绩也不错。

可恰恰因为视觉能力和听觉能力"双高"，这类父母的一大特征是眼里容不下沙子，严重一些的甚至会吹毛求疵，只看到孩子的缺点。在孩子年龄尚小时，这种矛盾不会太突出，但到了青春期，如果父母没有改变，孩子必然会反抗，这种态度逆转往往让父母无法接受，导致亲子之间战况升级。

根据以上四种不同类型的特点阐释，欢迎各位父母对号入座。而且不仅要自己对号入座，还要对照一下"队友"的特点。这不仅有助于两个人各自发挥所长，真正成为配合默契的队友，共同帮助孩子成长，而且有利于相互了解和理解，避免"团队内耗"。比如，有的妈妈勤快，但爸爸懒惰，其实根源在于妈妈体能强，爸爸体能弱。这种行为上的差异是大脑发展差异造成的，和彼此的感情或对家庭的重视程度关系并不大。对青春期的孩子来说，稳定和谐的家庭是最能让他们心安的港湾，所以，父母双方一定要学会找到对方的优点，加以运用，而不是抓住对方的缺点，持续否定。

此外，多子女的家庭中，父母会忍不住对孩子进行比较，也容易成为亲子大战的导火索。我的建议依然是找到每个孩子的优点，善加引导，帮助每个孩子成为最好的自己即可。用一个孩子的优点去对比另一个孩子的缺点，非但不可能让后者知耻而后勇，改掉自己的缺点，反而容易激化孩子之间的矛盾，更不利于构建和谐的家庭关系。

父母是孩子最好的老师，也是孩子最好的朋友，每一位父母都希望孩子能全方面超越父辈，成为他们的骄傲。许多父母在培养、教育孩子方面存在诸多误解，导致他们多做多错，收效甚微。那么，我希望各位父母能心平气和地坐下来，通过这本书和我做一次跨越时空的交流，如果为人父母的你，能在书中为你和孩子之间存在的问题找到方法，那么这就是我最感欣慰的事情了。

后记

不知不觉，我们已经借由本书相伴走过孩子的青春期全程。现在，相信对你来说，有的问题已经豁然开朗，有的问题依然心存疑惑，而有的观点，你与我的想法完全不同。但无论如何，这本书会给你提供一个全新的视角，让你有机会看到孩子表象问题背后深层的原因。也正因为在深层，所以可能并不常见，还需要你进一步探索、理解，结合自己的家庭特点，付诸行动。

在此，我还想对父母再强调两点。

第一，父母在面对青春期的孩子时，也会惊慌，也会无助。作为一个青春期孩子的妈妈，我对此感同身受。所以我最想告诉你，当你也陷入这种烦闷甚至愤怒的状态时，抱抱自己，对自己说，这很正常。

第二，在孩子成人之前，作为父母，必然要做好引领者和陪伴者的角色，要想改变孩子首先要从改变自己开始，因为一百次的愤怒都不如一次实际行动来得更为有效。

改变自己当然难，我曾碰到过一位妈妈，她说自己实在控制不了，总会训孩子。我的回答是，那孩子也实在控制不了自己，就是想玩游戏。既然40岁的我们都无法自控做到闭嘴，就不要强求14岁的孩子控制自己不去偷懒。特别是面对处于青春期早期的孩子，多年经历告诉我，只要父母肯调整，孩子就会发生改变。

但问题是日积月累造成的，解决也注定是抽丝剥茧的过程。改变不会一蹴而就，父母不能心急，更不能轻言放弃。养育孩子的确是一个艰辛漫长的过程，

后记

但与孩子有缘同行,不也是上天给予我们的最大礼物吗?青春期是子女在父母身边最后的阶段,一旦告别青春期,也意味着孩子将远走高飞。所以,父母一定要珍惜,一定要坚信,每个孩子都是可塑之才。青春期为我们提供了一个难得的机遇,把握住这个机遇,孩子便可能跃上一个更高层次的平台。

本书的撰写及成稿过程,得益于众人的抬爱。

首先要感谢我近十年教育规划工作中遇到的一批高认知的父母,他们明白改变孩子要从改变自己开始,并积极践行这一理念。他们克服了内心的恐惧,隐忍了委屈,接纳了孩子的缺点,包容了生活的不如意,用极大的耐心和克制等候孩子的成长,给予孩子机会,见证青春期的成长奇迹。

其次要感谢孩子们。他们不负众望,用他们宝贵的天赋和纯真而善良的心,回报给父母一次又一次惊喜。他们的转变,总是来得那么迅猛;他们的成果,总是让父母感慨惊喜。能够见证一个又一个家庭从矛盾重重走向和谐美好,见证一个又一个孩子从消沉低迷走向阳光自信,这正是我做天赋教育的意义所在。

最后要感谢所有奋战在天赋教育战线的老师。每一次面对青春期的孩子,老师都要付出极大的努力。父母控诉、孩子告状是老师面对的日常,有时候还要紧急调停他们激烈的争吵。老师也有不被理解的苦闷和口干舌燥后的疲惫,但基于对教育的热爱,对孩子的珍惜和对父母的理解,让我们十一年如一日,始终在推进天赋教育之路上坚定前行。

未来的日子,愿与你们偕行、并进。

参考文献

［1］李跃儿.谁拿走了孩子的幸福[M].北京：国际文化出版公司，2013.

［2］丹尼尔·戈尔曼.专注[M].杨春晓，译.北京：中信出版社，2015.

［3］乔希·西普.解码青春期[M].李峥嵘，胡晓宇，译.长沙：湖南教育出版社，2019.

［4］姚乃琳.大脑修复术[M].北京：中信出版社，2020.

［5］达娜·萨斯金德，贝丝·萨斯金德.父母的语言[M].任忆，译.北京：机械工业出版社，2021.